名企经营启示录

麦肯锡
高效反馈技巧

[英] 服部周作——著
刘江宁——译

リーダーのためのフィードバックスキル

中国科学技术出版社
·北京·

Original Japanese title: READER NO TAME NO FEEDBACK SKILL
Copyright © 2020 SHUSAKU HATTORI
Original Japanese edition published by Subarusya Corporation
Simplified Chinese translation rights arranged with Subarusya Corporation
through The English Agency (Japan) Ltd. and Shanghai To-Asia Culture Co., Ltd.

北京市版权局著作权合同登记　图字：01-2021-6353。

图书在版编目（CIP）数据

麦肯锡高效反馈技巧 /（英）服部周作著；刘江宁译 .—北京：中国科学技术出版社，2022.2
ISBN 978-7-5046-9381-5

Ⅰ. ①麦… Ⅱ. ①服… ②刘… Ⅲ. ①企业管理 Ⅳ. ① F272

中国版本图书馆 CIP 数据核字（2021）第 257332 号

策划编辑	杜凡如　何英娇	责任编辑	孙倩倩
封面设计	马筱琨	版式设计	锋尚设计
责任校对	焦　宁	责任印制	李晓霖

出　　版	中国科学技术出版社
发　　行	中国科学技术出版社有限公司发行部
地　　址	北京市海淀区中关村南大街 16 号
邮　　编	100081
发行电话	010-62173865
传　　真	010-62173081
网　　址	http://www.cspbooks.com.cn

开　　本	880mm×1230mm　1/32
字　　数	146 千字
印　　张	6.5
版　　次	2022 年 2 月第 1 版
印　　次	2022 年 2 月第 1 次印刷
印　　刷	北京盛通印刷股份有限公司
书　　号	ISBN 978-7-5046-9381-5/F・970
定　　价	59.00 元

（凡购买本社图书，如有缺页、倒页、脱页者，本社发行部负责调换）

前言

请大家认真比较表1左右两列反馈意见的表达方式。

表1 反馈意见的两种表达方式

表达方式一	表达方式二
有时候你早晨到了公司，会忘记跟别人打招呼。尤为明显的是，在回答问题时从没有利利索索地给出过肯定答案	最近感觉你很没有精气神儿，做起事情来拖泥带水、磨磨蹭蹭
请迅速通过邮件将现有资料发给我。在未完成部分做好标记，并注明在多长时间后可以将完整、细致修改的版本发给我	资料还没准备好吗？快点让我看看。至于剩下的细节部分，之后你再慢慢修改吧
在企划案的开头处，你所提出的"回归分析法"与下一张幻灯片的内容没有契合性，所以大家在最初的两分钟内不知道你在讲什么	我不太明白你刚刚所提出的企划案究竟讲了些什么

续表

表达方式一	表达方式二
非常轻松简单地讲清楚了复杂问题。此外，尤为突出的是，采用了可与对方的思维方式实现瞬间匹配的高级沟通技巧。特别是整个团队在经过反复推敲之后设计出的开篇方式非常完美	棒极了

感觉如何？

关于意见反馈，存在着各种各样的不同看法。但是，在本书中我所推荐的较为理想的反馈意见是左侧这一列。

也许你会感到惊讶。

所谓意见反馈，难道不是应该言简意赅、一针见血吗？

如果说得过分详细，不会令对方感觉厌烦吗？

难道不存在一种放之四海而皆准的万能反馈模板吗？

或许很多人会产生此类的疑问。实际上，在我之前所接触过的商务人士中，一大半的人也会出现这样的想法。

但实际上，意见反馈的真正含义为：

认真选择词语，并以不含糊其词、不蜻蜓点水的态度将其组织成为一种无须过多解释的具体信息。因为意见反馈的主要目的是将己方的想法准确地传达给对方，并切实引发对方行为发生一系列变化。

然而，有时我们会面临着这样的尴尬境地——即便我们的出发点是为了对方或者整个团队着想，但是要反馈的信息却令人难以启齿或让对方觉得刺耳。而此时的我们却不知道该以何种方式来进行反馈。

在现实中，很多领导者也会陷入这种困境。

究其原因，是因为从来没有人教给我们如何进行意见反馈。

很多时候，意见反馈方式是由我们自己创造出来的，带有一种我行我素的感觉。

那么，真正能够促进下属或团队成员成长、提高工作集约度和业务成功率的意见反馈方式是什么样的呢？

写作本书的主要目的就是为那些深受意见反馈困扰的领导者们提供解决问题的方法。本书的内容就意见反馈的方方面面进行了详细论述。

希望对此话题感兴趣的各位读者们能够继续阅读下去。

目录

序　章　"反馈"决定成长与成就 ◎ 001

001 ◎ 意见反馈是工作中必须掌握的技能

006 ◎ 意见反馈的本质

011 ◎ 进行反馈时面临的烦恼

014 ◎ 成为领导者后再学习意见反馈为时已晚

第一章　高质量反馈概述 ◎ 019

020 ◎ 高质量反馈促使对方进步

023 ◎ "成长型反馈"促进团体业绩提升

026 ◎ 高质量反馈的三大要点

032 ◎ 什么是切实有用的反馈？

034 ◎ 让讨厌反馈意见的人信服接受的三大要点

039 ◎ 专栏　我所遇到的意见反馈达人

040 ◎ 何谓反馈的时机？

045 ◎ 在日常生活中寻找反馈的机会

050 ◎ 提出反馈意见时也要讲究"啄食顺序理论"

052 ◎ 检查列表 1　你给自己的意见反馈技巧打多少分呢？

第二章　提高反馈影响力的"反馈环"◎ 055

056 ◎ 反馈意见的模式

060 ◎ 步骤 1　观察

071 ◎ 步骤 2　聆听对方所述内容

080 ◎ 步骤 3　情感冲击

087 ◎ 专栏　冰山理论

090 ◎ 步骤 4　行动建议

099 ◎ 专栏　成长进步的三大模式

101 ◎ 小结　反馈环

第三章　提质增量的"团队学习"◎ 103

104 ◎ 何为"团队学习"？

109 ◎ 如何进行团队学习？

111 ◎ 步骤 1　把握整体状况（范围）

115 ◎ 步骤 2　分享优势和劣势（能力）

120 ◎ 专栏　了解彼此的特性

121 ◎ 步骤 3　分享工作习惯（工作方式）

129 ◎ 步骤 4　当天总结，日后分享（跟进）

131 ◎ 专栏　事后情况报告的作用

132 ◎ 小结　团队学习

第四章　提出正式反馈意见的方法 ◎ 133

134 ◎ 公司建立正式意见反馈机制的必要性和意义

137 ◎ 每一个项目都需要意见反馈

145 ◎ 定期进行的正式意见反馈

151 ◎ 专栏　跨度控制

151 ◎ 用简短的语言进行准确反馈

156 ◎ 检查列表 2　你或者你的公司具备怎样的正式反馈能力呢？

第五章　提高反馈意见的精准度 ◎ 159

160 ◎ 如何才能进一步提高自身的领导能力？

161 ◎ 成为意见反馈达人

165 ◎ 要把握可为和不可为事情之间的界限

167 ◎ 认真考虑并确定对方是否真的需要反馈意见

170 ◎ 专栏　帕金森定律

171 ◎ 提出反馈意见前的几分钟尤为重要

174 ◎ 消除意见反馈中的分歧

177 ◎ 给"问题员工"提出反馈意见

180 ◎ 给"星级员工"提出反馈意见

186 ◎ 精准反馈的影响力

191 ◎ 专栏　命名的重要性

192 ◎ 饱含感谢之情的意见反馈

195 ◎ 小结　提高反馈意见的精准度

结束语 ◎ 197

序章

"反馈"决定成长与成就

意见反馈是工作中必须掌握的技能

工作中时时事事需要"反馈"

"反馈"可以引发种种鲜活的想法出现。

在我入职麦肯锡咨询公司(下文简称"麦肯锡公司")一年后,当完成首个项目并参加项目总结会议时,我倍感紧张。为了不遗余力地狂刷存在感,我讲了许多脱离论点的冗杂内容。果不其然,我的发言内容被大家无视了,我也只好在后面的环节中保持沉默。

刚刚走出会议室,一位来自美国的技术顾问飞速向我表达了反馈意见。他把我叫到办公室外面,说有话要对我讲。我努力保持着一脸平静的表情,内心却如同打鼓般惴惴不安。

我看着他,只听见他说道:"周作,在刚刚的会议中,你就客户的现状做了论述,但是你的论点跑偏了。也许发现了你的错误,但是(出于礼貌)他们均未做出任何反应(指出错误)。这无异于浪费时间。对此，我感到十分遗憾。我觉得你应该只讲有价值的内容，对于无价值的内容就无须多言。希望你下次能够注意。这是在麦肯锡公司谋求一席之地的方法。"

狂风暴雨般的责骂并没有如期而至，这在令我出乎意料的同时也让我呆若木鸡。因为他在给予我关心之余，还如此亲切地对我进行细致指导。当时的我虽然懵懵懂懂，但是如今想来，我发现他教育我的方法其实就是一种十分高明的意见反馈方式。

我进入公司后接手的第四个项目是关于日常生活消费品的。此时还差几个月就是我入职一周年纪念日了。在完成中期工作进程汇报后，经理要求每个人都要对团队提出反馈意见。

在此之前，项目团队刚刚顺利地结束了与客户之间的会谈研讨，所以每个人都显得踌躇满志。团队中的每位成员都详细论述了工作中的优势和需要改进的方面。这着实令我目瞪口呆——原来所有人都对整个工作流程进行了认真观察。

最后终于轮到我发言了，其结果却是我并没有任何出彩的地方。我不但没有讲出重要的东西，而且还缺少结论的总结。如今想来，我都觉得羞愧万分。之前的我只知道埋头苦干自己的事情，而没有留心去认真观察其他人，并且我当时觉得没必要这么做。就在项目顺利结束之后，经理和蔼地对我说："在反馈方面，你还应该加把劲。"果然，弱点还是被发现了。

曾经某个亚洲公司委托麦肯锡公司为其设计一个公司发展战略方案，我们团队中的某位同事在该项目中负责财务建模部分。有着投资银行工作经验的他十分精明强干，其建模技术也是炉火纯青，但是当他将该模型落实在文字和幻灯片上时，总是会出现词不达意的情况。为此困扰不已的我数次与他共同研究如何绘制图表，他却迟迟不能熟练掌握。

因为该项目是一个短期项目，所以心生疲惫的我只能放弃与其合作，开始自己准备着手处理。然而我并没有向他解释其中的原因，意见反馈更是一拖再拖。

从结果上看，我被他深深地嫌弃了。并且，一旦我提出的反馈意见与他的日常表现出现龃龉的时候，就会受到来自他的猛烈批判。

此时的我才开始逐渐明白——意见反馈是一种持续性行为。为了达到合乎逻辑和情理的目的，我们必须将意见反馈进行到底，而不能半途而废。另外，它也是一种需要慎重推进的行为。

另外，如果你提出的反馈意见不能让对方彻底理解的话，那么肯定会招致对方的怨恨。这样一来，不但会让昔日里融洽的关系瞬间土崩瓦解，而且也会给对方带来痛苦的回忆。之后，我所提出的反馈意见必定会受到伙伴们的批判和控诉。

麦肯锡公司重视意见反馈的三大理由

麦肯锡公司究竟为何如此重视意见反馈呢？其主要理由有三。

第一，麦肯锡公司的基本哲学之一是"以人为先"。

简单来讲，重视员工就意味着要尽可能多地给予他成长的机遇和建议。公司里存在着这样一种根深蒂固的观念——公司有必要从各个角度出发将员工培养成为出类拔萃的顾问，这是公司必须履行的专属义务。

一个项目中会有项目经理、项目成员和客户等多种角色存在。所谓"项目经理"其实是承担了一个类似于开发负责人的角色，它就像导师一样时时刻刻关注着我们每一个人。年轻人可以从每一位成员那里得到相应的反馈意见，这无疑将促使他们得到快速成长。

第二，有利于保证较高的工作质量。

为了促使每一个项目最终都能取得成果，公司会反复在每一个与该项目相关的团队中展开评价活动。换句话说，公司会像进行细致的搜身检查一般来反复展开反馈行动。最终胜利的果实是所有员工呕心沥血的结晶，因此每一位相关工作人员都必须具备很强的意见反馈能力。

第三，擅长意见反馈的人必定擅长工作。

擅长意见反馈的人在其他领域也具有较强能力。他们可以成为团队的领头羊，也能够获得来自同事和客户等周围人的信赖和支持，并且还可以有始有终地高质量完成工作。

通常来讲，掌握反馈技巧不是一件容易的事情，需要我们反复地进行练习。为了掌握合适的方法、提高学习质量，我们可以在这里粗略地列举出一些关键因素——观察力、客观性、积极聆听、关怀关爱（为他人着想）、便于对方理解和接受的沟通技巧、一贯性、持续性、诚意、可信赖性、影响力和自律性，等等。

从这层意思上来看，我们可以将反馈技巧当作商务领域中所必须掌握的技巧之一。如果我们想要通过发挥领导能力来提高生产效率或者从失败中吸取教训来获得飞跃式的发展，那么就必须掌握其核心任务——反馈技巧。

反馈文化渗透到麦肯锡公司的方方面面

实际上,反馈文化已然深深地渗透到麦肯锡公司的方方面面,甚至员工们会经常进行"反馈的反馈"。在进行"反馈的反馈"之时,同样不能直截了当地告诉对方这样做"好"或者"不好",而是要有理有据地向对方提出自己的意见——比如"采取这样的表达方式,你会更加容易地表述清楚自己的意图",或者"具体说来,你的方案尚缺乏细致的观察力",等等。通过这种方式,我们可以在实际的项目中提高反馈的精确度,同时也有利于自己掌握与其他的团队成员进行沟通的技巧。

我们要像那些能人一般渴求得到他人的反馈,并且在得到反馈意见之后能够实现快速成长。这跟年龄和职位全然没有任何关系。即便是那些管理者们也同样十分渴望从年轻的员工那里获得反馈意见。

曾经在某一个项目中,我特别渴望了解一名管理者是如何运作整个项目的。当时初出茅庐的我畏畏缩缩地指出了团队的一些优点和需要改善的点后,他莞尔一笑,并从下一周开始按照我的意见对这些问题进行了处理。简单说来,我当时提出的无非是"要改变团队晚餐时间较晚的现状"等之类的小意见。但是从下一周开始,经理就将团队晚餐的时间提前到了下午6点,并继续征求我的意见说:"那么接下来还有需要改善的地方吗?"

像这样,反馈文化一旦渗透到整个团队的方方面面,整个团队的沟通交流就变得顺畅起来。不仅如此,整个团队还能变得团结一致、共同进步,并不断促进自身的发展。

年轻人以年轻人的方式,老手按照老手的方法,大家都能够灵活地发挥自身的长处来为整个团队做出应有的贡献。因此，意见反馈也是为了实现共同成长、取得工作成果而进行的一种交流方式，并且这种方式与职位和立场无关。

意见反馈的本质

并非指出工作的不足，也并非指导或说教

想必各位读者对意见反馈这种行为并不会感到陌生。实际上，我们在工作中经常会收到许许多多的反馈意见。比如，在演讲后、提交报告后、参加考核后、完成结果分析后、发表研究成果后或者在完成商务角色对话模拟后都会听到各种各样的反馈意见。当然，这些反馈意见出现的频度和领域各不相同。但实际上，这些反馈对于工作成果的取得和员工的成长都发挥着较为直接的作用。

然而，纵观日本的职场现状后，我们会发现人们并未彻底让意见反馈发挥出真正的作用。这着实令人感到惋惜。

如果尝试向大家询问"何为意见反馈"的话，那么大多数情况下会得到如下这些含糊其词的回答——"指出工作的错误""提出修改意见""指导或说教""对工作的评价""提出建议或改善点"，以及"促使对方进行反省的告诫之语"，等等。

总之，从这些回答中我们不难看出，大多数人认为意见反馈只是一种无视本人意志、自上而下传达信息而已。这不免给人一种消极之感。因此，他们虽然无法让自己避免被他人提出反馈意见的遭遇，但是他们本身断然不会主动地向他人提出反馈意见。换句话说，如果条件允许的话，他们想要最低限度地避免意见反

馈行为的出现。这就是日本职场带给人的一种感觉。

然而，如果在每天的工作过程中过度逃避意见反馈的话，那么必然会使自己或团队成员甚至是公司整体白白错失了获得成长和取得成果的良机。如此看来，我不禁觉得有太多的人对意见反馈行为本身具备的意义抱有误解。

为产生更优效果而进行的信息传达

那么，所谓意见反馈究竟指的是什么呢？如果用一句话来概括的话，那就是"以特定过程或行为导致的结果为着眼点，以提高其最终效果为目的而进行的信息传达"。所以，它不仅仅适用于商务工作之中，也可以应用于所有实际场合。

比如，某一地区饱受车辆超速之苦。因为该区域地处坡路，所以呼啸而过的车辆络绎不绝。尽管当地想尽了各种办法，结果却是无疾而终。最后，他们通过导入雷达速度识别系统解决了这一问题。[1]

在此之前，当地尝试了各种各样的办法——数次放大限速告示牌的尺寸或者在上下学道路上设置告示牌来提醒司机安全驾驶等，但是这一问题仍未得到改善。

然而，当他们采用了这种能够提示司机当前驾驶速度的"反馈系统"后，问题却得到了解决。这种"反馈系统"无疑是简单朴素的，却意外地产生了效果。那么，为什么那些风驰电掣、呼啸而过的车辆逐渐减少了呢？心理学家对此分析说："人们都喜

---

1 托马斯·高兹（Thomas Goetz）. 利用反馈环的力量［J/OL］. 连线, 2011-06-19［2020-03-04］. https://www.wired.com/2011/06/ff_feedbackloop/. ——原书注

欢自主地进行自我判断和反省，但是都非常讨厌别人从'上帝视角'来提出的种种建议。"

如此看来，反馈是一种工学领域中经常用到的方法，其本身并不具备任何积极色彩或消极色彩。比如，感应器等机器在运行过程中会出现种种反应，甚至响起警报提示音。其实，这些反应或提示音就是反馈的一种体现，它们是为了解除机器故障、改善机器现状或提高机器效能而进行的一种"中立性信息传达"。

如果将其应用到日常交流之中的话，那么反馈的含义就是"对对方言行所持有的意见"。如果将其应用到商务交谈之中的话，那么反馈的含义就变成了"对对方工作或方法所持有的意见"。例如：

★ 当我们为推进工作或促进员工成长而进行交流之时，会运用到反馈技巧
★ 当我们意欲促进双方合作之时，反馈技巧也可以发挥巨大作用
★ 在激发团队精神（团队意识和干劲儿）的时候同样可以运用反馈技巧

意见反馈的本质并不是要传达某种消极的评价，而是为了达到积极效果而进行的一种信息传达，并且该信息中必须包含具体的观察结果和建议。

总而言之，无论是在日常生活中还是在工作中，无论是反馈

意见的提出者还是接收者，都必须更加熟练地掌握并运用反馈技巧。

获取商业成功不可或缺的要素

实际上，埃隆·马斯克、史蒂夫·乔布斯等许多商界著名人士都曾就反馈技巧在工作中的重要性进行过论述。这些著名的论述跨越时代，一直流传至今。

出生于南非的埃隆·马斯克创立了特斯拉公司和太空探索技术公司（SpaceX）等企业，开创了伟大的事业。数年前，他在接受一次非正式访谈时就曾说过："如果非要让我针对工作提出一些建议的话，那就是我希望大家都要明白'反馈环'的重要性。"

之后，他热情地指出："当我们面临该如何做才能够提高自身能力这一问题时，首先要明白，要想在商务领域取得成功，反馈技巧既是必不可少的要素，也是原动力。"甚至他还提道："我并不想从别人那里听到夸赞我的优点，我只希望对方能够指出我的不足或缺点。"

苹果公司的创始人史蒂夫·乔布斯也曾说过："人员招聘的一个大的前提就是要录用那些优秀且聪明的人，并且我们要明白录用他们是为了从这些聪明的人那里得到有用的反馈意见，这样我们才能够明白自己接下来该做些什么。"

无论是埃隆·马斯克还是史蒂夫·乔布斯，他们本身就拥有一流的自我意识、魄力和聪明的头脑。然而，他们为了成为更好的自己，就想要从别人那里获得有用的反馈意见。当然，如果想要在商界获得成功的话，那么这种做法无疑是至关重要的。

反过来想,我们甚至可以认为正是这样的想法才造就了他们的时代。

美国公司的新动态——比起评价对方更注重人才培养

众所周知,近年来许多公司对于意见反馈和年终表现评价的态度正在逐渐发生改变。据《哈佛商业评论》杂志显示,2016年,10%~15%的美国大型企业已经废止了年终表现评价制度,而单纯依靠非正式且频繁的意见反馈来进行员工评价的企业却在逐渐增多。[1]

其主要原因是,年终表现评价活动会浪费大量的时间。(对管理层的评价大概就要花费近210个小时,约5周工作时间!)另外,意见反馈不但能够对商务产生积极的影响,而且能够满足本公司由于人才争夺战而日益加速的自我提高需求。

以IBM、奥多比(Adobe)、戴尔和微软等科技公司为首,德勤会计师事务所和埃森哲咨询公司也开始实验性地(一部分运用混合方式)尝试单纯依靠意见反馈来进行人事评价的方法。这些站在改革风口浪尖的企业以发展为目的,以反馈为重点,一改往日里只看重打分环节的态度,开始尝试从多种角度出发提供相关信息。

另外,为保证同事与同事之间、下属与上司之间能够进行顺利及时的反馈,亚马逊和通用电气(GE)等公司也开始尝试开

---

[1] 彼得·卡普利(Peter Cappelli),安娜·塔维斯(Anna Tavis). 绩效管理革命[J/OL]. 哈佛商业评论,2016,10:58-67[2020-03-04]. https://hbr.org/2016/10/the-performance-management-revolution. ——原书注

发并使用各自的意见反馈软件。

进行反馈时面临的烦恼

在工作中，意见反馈是不可或缺的活动要素。但在实际过程中，有很多人却因为无法顺利地进行意见反馈而苦恼不已。我经常听到的苦恼之处主要有以下三点。

效果不佳

虽然我们煞费苦心地给下属指出问题或提出建议，但是没有什么效果。这样的事情频繁发生，循环往复。即使他们按照我们提出的意见进行了改善，最终的效果却达不到要求的30%。其实，我们不必为此苛责他们，因为或许是我们传递出的信息不太合适。

意见反馈的首要课题是要保持一贯性。比如，很多人对你的评价是"做事很细致"，但偏偏有一个人说你做起事情来杂乱无章。那么，此时的你一定会陷入迷惘之中。

在我所处的战略咨询行业中，"事实依据"是使用频率最高的词组之一。其含义为"基于事实且有根据的、证据确凿的"。这一要素在处理问题时能够发挥重要作用。

那么，为什么在意见反馈的问题上要十分重视"事实依据"呢？究其原因，是因为我们在进行反馈的时候，遇到的最大阻碍就是无法正确分析和处理"该反馈意见出自何人之口"的问题。最具有说服力的反馈意见必须是一种具有客观性的信息，必须能够让对方产生如下感觉——"无论是谁，都会提出这样的意见"。

越是让人感受不到私心和偏见的信息，越能够引起对方的聆听；越是具体且合理的意见，越能够成为有价值、有作用的反馈。那么，这样的反馈意见究竟是怎样的呢？我们又该如何做才能做到这样呢？接下来，我将在本书中就此类反馈意见的内容和传达方法进行详细介绍。

难为情

现实中，有许多人不但不擅长提出反馈意见，也不擅长接受反馈意见。

实际上，即便你提出反馈意见，也会有许许多多的同事不会老老实实地听取。刚刚成为咨询分析师的我便是这样。

在我入职第一年的时候，就曾被别人提出过至今都难以忘怀的反馈意见。一位年长的同事对我说："虽然每个人都能登上成长进步的阶梯，但不凑巧的是，每一个发展都有时间限制。"

对于他提出的反馈意见，我暗自进行了个人化解读。我当时的想法是——我们并没有使用任何表示行为动作的动词来对进度图（咨询分析师绘制的一种计划图表）进行说明。那么，对于这一问题，虽然他提出了解决问题的意见，但如果内容不变的话，那么其实并没有任何改善。

之后我受到了严厉的斥责，但是我对这种斥责感到很不服气。对此，他提出了自己的反馈意见。他告诉我其实他想说的是："趁着年轻，我们要尽力改正那些感情用事、自以为是的思考习惯。这种能力是我们在学习成长阶段或者说25岁之前应该掌握的。"伴随着年龄的增长，我们可能会日益坚持己见。这就是所谓的"反馈抗性"。对于我们而言，当这种"反馈抗性"出现时，我们必须打起十二分的精神关注于此。

当时我们所推进的是一个艰难且不顺畅的项目，但是如今想来，我不但对他报以浓浓的谢意，并且最近我自己也时常会遇到和当初的我一样的同事。为此，我感到烦恼不已。即便我发自肺腑地为其考虑担忧，他们也会因为自身的好恶、性格以及各自的立场和环境等因素，而不会认认真真地听取我所提出的意见。

但是此时此刻，如果我们因为难为情而退缩并且不再提出反馈意见的话，那么就会对同事和整个团队造成巨大的损失。无论是难以启齿的时候还是行动受阻的时候，我们至少要做些什么来结束这种尴尬的局面。那么，我们究竟该如何做呢？对此，在本书中，我将结合具体的事例为大家介绍相关方法。

没有时间

虽然我们都深深地意识到意见反馈的重要性，但很多时候会因为工作繁忙而一拖再拖。实际上，当我们开始考虑自己应该在什么时候、什么契机下进行反馈时，这一问题本身就已经变得十分烦琐起来。

我们在努力寻找反馈契机的过程中，其实已经丧失了许许多多合适的时机，或者在这一期间已然忘记了我们想要传达的信息。如果我们蒙着眼睛撞大运般乱做一气，反馈行为很多情况下也并不会顺利发生。

实际上，意见反馈的操作方法中存在着各种各样的技巧。只要我们能够按照"反馈环"所设定的步骤去操作并将该模式牢固地储存在自己头脑之中的话，那么我们就能够顺利地进行反馈了。具体来说，"反馈环"所设定的框架步骤如下所示。

> ❶ 观察。
> ❷ 聆听对方所述内容。
> ❸ 传达自己的感情。
> ❹ 行动建议。

虽然我在第二章才会对此步骤展开详细论述,但是在这里我希望大家要牢记的是,即便我们每天会因为繁忙的业务而焦头烂额,即便我们在工作中会多多少少遇到一些困难,但只要我们在最初的时候首先将这一方法牢牢地储存在自己的脑海之中,那么必然能够在一定程度上提高反馈意见的质量。

总体看来,本书中所介绍的反馈技巧绝非过于严格死板的行为指南。这是在同那些具备优秀工作能力的人以及擅长团队作业和培养下属的人一同工作的过程中,我所掌握的并且认为效果最好的办法。

实际上,反馈技巧是具有各界共识的。反馈行为不仅在商务场合,在医疗和教育等各行各业中也都得到了足够重视。

在第一章和第四章的末尾处,我为大家准备了检测表,希望大家能够借助检测表来回顾自身所掌握的反馈技巧。如果这有利于大家发现并解决问题的话,我将不胜欣喜。

成为领导者后再学习意见反馈为时已晚

所有成员共同奋战的时代

实际上,只要掌握了基本的操作方法,任何人都能够很快开始着手磨炼意见反馈的技巧。然而，在日本的职场中，我发现这并没有引起相应重视。

特别是对那些年轻的商务人士而言，所谓意见反馈其实就是一味地接受而已，而自己要对他人提出反馈意见则显得遥遥无期。他们甚至认为，只有自己成为领导者并开始培养下属时候，才应该充分考虑该如何进行反馈。

但是近年来，我们已经进入了商务环境急剧变化的VUCA[1]时代。在这种时代背景下，所有的员工必须共同奋战，否则将无法产生新的方法策略，进而也就无法取得成果。至少在面临组织和团队所承担的某一课题时，我们希望年轻人也能够积极进行反馈并对该项目做出应有的贡献。

我曾经就职于高朋网（Groupon），其本质是一家团购网站。该公司曾用两年时间筹集了1000亿日元以上的投资金。为了实现更为快速的发展，高朋网每周都会举办一场以"引领世界商务发展的领导者"为主题的会议，以期从投资者和前辈那里获得相关反馈意见。

总体说来，成为领导者后再学习如何进行意见反馈已然为时过晚。从成长进步的速度上来看，有意识地磨炼反馈技巧的人与拒绝这样做的人之间会出现很大的差距。

---

[1] VUCA是由Volatility（变动性）、Uncertainty（不确定性）、Complexity（复杂性）、Ambiguity（模糊性）四个英文单词的首字母组合而成的。它最初用于描述冷战后苏联解体后的世界，现在已为世界各地的人所熟知。——原书注

未知的领导力

成为领导者后尤其要掌握高质量的意见反馈技巧。这是为什么呢？

- ★ 模糊不清且充满许多不确定事物的VUCA时代会煽动每一个人的不安情绪，任何人都不能简单地掌握周围的情况和环境。切实的反馈意见可以起到引导大家前进的作用，这便是意见反馈能够产生的最大价值
- ★ 世界的变化速度日趋加快，而我们只有通过机智敏锐的意见反馈才能够应对这种状况。同时，只有结合反馈意见，我们才能快速地促进下属成长进步。意见反馈作为一种便利的方法，能够十分顺利地在这种变化中起到校准的作用。如果我们慢悠悠地等待下属进步和成长的话，那么必然会对工作业务带来消极的影响
- ★ 因为我们无法看到未来之事，所以需要大量的信息输入。优秀的领导者不但自己能够进行熟练的意见反馈，而且也必须具备从全体员工处获得反馈意见的能力。通过这些能力，我们便能够灵活地应对今后可能出现的种种状况

伴随着时代的"VUCA倾向"愈发显现，领导者想要对自身所处状况和环境进行分析、判断以及做出决策就会变得愈发困难。

我们必须使自身习惯于这样一种形式——在纷杂的状况中谋求答案，并快速地进行修订。比如在开发产品的时候，我们要将

目前作为主流的实验商品大量地投入市场之中，然后由开发团队和运营团队双方共同协作，加速产品的完善和优化。

只是我们的现状却是拒绝接受这样的训练、研修和教育。尽管如此，在这种情况下，我们要掌握的关键技巧是迅速且通俗易懂地将自己的想法传递给对方。

总而言之，我们需要从这种"沟通混乱、不擅长、不习惯、学习和经验不足"的较初级阶段尽快毕业，然后上升到一种"能够在有限的信息交流和不明朗的环境中有效地与周围人接触、思考如何才能促使他人付诸行动并将这种想法传达给对方"的水平。

实际上，我们可以说没有意见反馈的商务世界是麻木的。无所作为的领导者往往具备如下特征：不能进行必要的反馈行为，进而导致恶性循环的出现，最终会被周围人所忽视。

"无论如何我都要尝试着做一下！"——无论是谁都必须以这种敏捷且灵活的想法为基础来锻炼自己的反馈能力。

确定一个长期的反馈对象

我们在进行高质量的反馈之后，才能提升自身的工作表现。对此，我们应该确立一个相应的长期反馈对象。我们甚至将其看作组成领导力的众多要素中居于基础地位的一环。从我的经验上来讲，反馈行为与领导者的"超凡个人魅力和感召力"及"真知灼见"不同，它是一种可以通过踏踏实实的努力来磨炼出的一种能力。

幸运的是，我们很快就可以着手进行反馈能力的训练。我们能够对同事、家人、朋友甚至是客户等一切人展开反馈行为，因此请大家从明天开始一定要进入反馈的实战阶段。我们需要确定一个长期的反馈对象。从日常的一对一培养下属到团队学习以及正式的商务会谈——本书详细地为大家设定了各种各样的场景并介绍了对应的操作方法,以期所有人都能够顺利地进行反馈。

在进入正式内容之前,我要用一句令我印象深刻的话来做一个总结。那是特雷莎修女留下的一句话。

> Be careful of your thoughts. For your thoughts become your words. Be careful of your words. For your words become your actions. Be careful of your actions, for your actions become your habits. Be careful of your habits. For your habits become your character. Be careful of your character. For your character become your destiny.[1]

我曾经从一个董事长那里学到了一句话。他说:"能够左右你命运的是你的想法。"我希望大家能够把这句话传达给你周围的人。

接下来,请大家立刻展开行动,努力扩大原有的意见反馈范围并对身边重要的人发挥自身的领导才干,进而高质量地完成工作任务。如果大家能够做到这样的话,我将不胜欣喜。

---

[1] 请注意你的思想,因为你的思想将成为你的语言。请注意你的语言,因为你的语言将形成你的行动。请注意你的行动,因为你的行动将酿成你的习惯。请注意你的习惯,因为你的习惯将变成你的品行。请注意你的品行,因为你的品行将决定你的一生。——译者注

第一章

高质量反馈概述

> 凡不能毁灭我的，必使我强大。
>
> ——尼采《善恶的彼岸》

高质量反馈促使对方进步

麦肯锡公司的意见反馈

想必有很多人在听到意见反馈的时候会在脑海之中浮现出年终评价的情景。思及此，想必没有人会心情愉悦地迎接这一时刻的到来。因为在进行这种被称为"年终评价"的反馈行为时，大多数情况下都是双方面对面地坐在桌子两侧，展开"攻击"和"防守"。

提出反馈意见的一方将关注点集中于对方应该采取何种行为。为此，他们会针对那些对方本不应该做却做了的行为进行批评。

在这种场合下，接收反馈意见的一方便会针对对方的批评进行种种思考——"为什么他会对我产生这样的意见呢？""这种错误的行为会对我哪一方面的评价产生恶劣的影响呢？""我该如何做才能与对方达成共识呢？"……从而无法把精力集中在实际的谈话。为了拼尽全力地保护自己并消灭双方之间的"战火"，他们往往会不停地回答说："是的，是的，的确是这样的。"最终，他们会不分青红皂白地全盘接受对方提出的意见，即便有时对方的意见并不合理。

在这里，我想要给大家介绍一个麦肯锡公司与其他公司的差异之处，那就是麦肯锡公司能够非常明确地将"评价"与"成长（培养）"这两种机制区分开来。

成长或出局——残酷的职场生态

麦肯锡公司在对员工进行评价时，不但设置了年终谈话的项目，而且还要每半年进行一次评估。在此基础上，公司还会在年终的时候与员工共同商讨来年的薪资与奖金。公司会给每一位员工分发一封信件。每一封信件有15页左右，上面赫然写着2~3个关于意见反馈的总结性主题以及对明年的期待。员工们与自己的上司一起阅读信件上的内容之后，上司们只会单纯问一句："大家对此有什么疑问吗？"之后，员工们便会带着这些信件回家，一边惬意地躺在浴缸中舒缓身心，一边对照自己曾收到过的反馈意见进行自我评估。

与此不同的是，公司在人才培养方面设置了许多机会。比如，每当一个项目结束之后，员工们都会同经理或合作伙伴一起进行各种正式的意见反馈；和一直守候在他们身边的那些研发导师进行沟通；在项目的进行过程当中，随时随地进行非正式的反馈……当他们努力去思考如何做才能让工作顺利进行的时候，上司会和他们一起分析原因并提出切实可行的建议。当然，员工们在频繁进行反馈训练之后，也能够学到许多能够促进自身成长的东西。换句话说，员工们是在实际的工作之中逐渐成长起来的。这样一来，那些咨询顾问们就会觉得这个公司非常重视对员工的培养，自己绝不能把项目搞砸或者被辞退。或许有人会对这种非进即退的培养方式感到不可思议，但是公司绝不是通过评价或批评教育的方式来强制性地促进员工成长进步的。甚至我们可以认为公司越是反其道而行之，越能够促使那些年轻的员工们迅速地成长起来。

旨在促使员工成长的反馈与对员工进行评价的反馈有何不同？

那么，为什么旨在促进员工进步成长的反馈显得更重要且更有效果呢？我通过几个要素将其特点总结如表2所示。

表2　反馈行为的两种形式

	旨在促使员工成长的反馈	对员工进行评价的反馈
切入点	培养人才	裁员
重视点	将关注点集中于细微之处（反馈对象的具体工作内容及技巧、言行举止、思维方式等）	只关注大体表现（自上而下的宏观目标）
	花费时间考虑如何促进对方进步成长（该怎么做才能变得更好）	花费时间批评对方（这个地方没有做好）
时间轴	重视未来的可能性	回顾过去所犯的错误
"战斗"对象	与自己做斗争（作为一个独立的人去拼搏奋斗）=不要输给自己、最大限度地发挥自身潜力	与他人做斗争（固执于与别人做对比、过分重视别人的评价）=自己比周围的人都差

在这里，我想要告诉大家的是，我们在进行意见反馈的时候，你或者你的团队及同事对待反馈意见的态度不同会导致其效果也不同。

在进行旨在促使员工成长的反馈这一问题上，麦肯锡公司也是与众不同的。简单说来，他们会针对不同员工的一些特质采取不同的具体方式方法。比如，他们在进行意见反馈的时候会采用"将来时"的语法结构。很多公司在对员工进行评价反馈的时候，会多采用"过去时"的语法结构，在谈话时着重强调反馈对象与他人之间的差距。这种做法与其说是为了促进员工成长，不如说只是传达出说话者自身的情绪。

我希望大家牢记我接下来要介绍的意见反馈技巧（即旨在促使员工成长的反馈技巧）。我希望大家忘却之前习惯的那种为了对员工进行评价而进行的反馈行为，一起去思考那些积极有效的反馈方法。

我在序章中已经对反馈的概念进行了概括——以特定过程或行为导致的结果为着眼点，以提高其最终效果为目的而进行的信息传达。其关键词在于"结果"与"提高"。如果大家能够牢记这一点的话，那么今后你会更加顺利地进行反馈，也能够对此产生更多共鸣。

"成长型反馈"促进团体业绩提升

领导者的力量是有限的

当提到反馈效果时，大家众说纷纭。当然会有人提出反馈行为有助于促进个人的成长。但是如果不能够促成整体业绩的提升或团队的发展进步以及附加价值产出的话，那么这样的反馈是没有意义的。

为了成功地实现反馈价值，我们必须考虑团队的组织系统以及工作流程。任何团队都不可能通过一两次的意见反馈就能够顺利地解决问题。

无论领导个人如何优秀，单纯依靠其个人的努力仍然无法解决所有的问题。为了让整个企业变得万众一心、众志成城，我们必须建立一个反馈机制并制定出一整套相应的操作流程规范，以期将意见反馈的效果渗透到工作中。

如何才能去除消极的职场文化？

在探讨这一问题时，我们以某家大型制药公司例来共同观察其操作过程。首先我们从课题入手。该公司面临的反馈课题如下所示。

★ 虽然公司里有自己的评价机制，却没有旨在促进员工进步成长的反馈机制

★ 就培养下属的计划而言，公司并没有一个完整的系统来确定培养对象、培养时间、培养契机等

★ 每个人都可以进行杂乱无章的意见反馈，但缺乏对意见进行归纳、分析的体制机制

★ 缺乏培养下一届干部候选人员的系统及反馈机制会令首席执行官（CEO）感到不安

这家制药公司的首席执行官是一个十分年轻有为的欧洲人，他力求自上而下地改变这一现状。

原本这名首席执行官计划利用现状调查的方法，同一些专业公司一起对公司进行360°无死角调查。因为这种调查方法不仅有利于首席执行官发挥领导才干，而且还有利于其集中精力做好特定领域的工作。但是，客户负责人的回复却是不建议进行360°无死角调查。其理由是他觉得如果进行360°无死角调查的话，那么员工们的工作积极性就会下降。因为这个企业已经根深蒂固地存在着这样一种想法——把周围提出来的建议当作一种批评或批判的反馈文化。

在这种背景之下，虽然公司内部广泛地运用员工评价机制，但是并不存在旨在促进员工进步成长的反馈机制，而只会从个人的角度出发做出评价。其结果是，意见反馈沦落到"谁感兴趣谁去提"的地步，也就根本不会存在反馈行为规范手册或者模范版本一类的东西了。即便大家写下反馈意见，谁又会去看呢？即便有人去看，他们也并不会和自己的上司就此进行商讨，因为他们压根就不会想要在这个问题上花费时间。

团队上下万众一心，共同创立系统、完善流程

我们需要与团队成员同心同德，深刻认识到意见反馈的重要性，着手制订成长计划，并制作一些自上而下的流程视频。他们不但传递出个人成长是很重要的这一信息，还要制定每一位精英领导者对每一位员工进行一对一面谈的规章制度。当然他们还把讨论时要提出的问题及过去所写的模范性回答案例整理成小册子，分发给每个人。在数周之后，360°无死角的调查结束。以调查结果为契机，积极引进专家对各位经理和干部就提升自我的方法和重要性进行直接指导。

最后的结果是，该公司内部开始频繁地开展意见反馈活动，也出现了一些模范性人物。

那么该公司的成功因素到底是什么呢？我认为是他们开始着手建立本公司的反馈文化体系。当反馈机制的主架构完成后，我们就可以将其称为反馈文化体系。这样一来，所有员工就能自然而然地参与其中，互相促进，共同成长。

在此之前，该公司本来确定了一种重视个人表现的企业文化。然而当企业开始重视个人反馈机制之后，为员工的成长指明了前进的方向，并通过这种方法提升了他们的成长欲望。这样企业文化一定会使得每一个人在将来都会有更加卓越的表现。

高质量反馈的三大要点

意见反馈的目的是促进个人和团队的成长，甚至是要提升工作效果以及业绩。在这里，我想为大家谈一谈反馈的重要性以及其基本组织架构。这些都是我在麦肯锡公司工作时学习到的知识。

首先，如若我们不能从人本主义的角度出发，那么所做的反馈无异于无用功。如果不能以成效为基的话，那么就无法判断反馈意见的优劣与否。另外，我们在进行反馈的时候要绷紧神经，学会利用正念减压法来烘托气氛。这样我们才能开始逐渐提出有益于工作的反馈意见。

如果我们用简单的方程式来表示这几个要点的话，那就是：

（人本主义+成效）×正念减压法=高质量反馈

接下来，我们按照上述顺序逐一对其进行分析。

从人本主义的角度进行考察

不能从人本主义的角度进行思考的人（只重视逻辑和内容本身）只能片段性地把握反馈技巧的概念，从长远的角度来看，这些人往往以失败而告终。比如，我最近听到了这样的抱怨。

一家制造公司中有一位科长带领着一个10多人的团队。这位科长感慨说："我的下属中一名30多岁的员工，他对所有的反馈意见都没有任何反应。虽然我可能有些夸大其词，但是在我的印象中，他对于我所说的话连1/10都不记得。"

这位科长曾经要求该下属针对未来客户事务的处理提出一些合理化建议并阐明具体流程和逻辑。为此，这名下属花费大量时间，终于完成了独具风格的意见报告。但是此时科长提出意见，认为该下属的意见报告质量远远没有达到上级领导的要求，建议他进行修改。但是该下属却对自己的劳动成果十分满意，断然拒绝了修改要求，毫不妥协。到了最后，科长无可奈何，只得说："我的做法是正确的！就按照我说的去办！"这名下属听到后便一言不发了。

虽然这位科长在事后对自身的行为进行了反省，但如果你是科长的话，你该如何说服这样的下属呢？

能够从以人为本的角度出发思考问题的人会比较在意提出反馈的方式方法，但是他们更明白反馈的本质就是人与人之间的联系与沟通。在此类事件中，我们在进行反馈时要把对方当作自己人这一点固然重要，但是更重要的是，我们要学会机智灵活地体察别人的意图并进行思考。

一些战略咨询公司甚至把以人为本的理念与客户至上的理念摆在了同等重要的位置之上。因此，他们会对员工进行精准的性格测试和情商测试，并根据测试结果对员工进行有针对性的训练和培养。这样做的目的是能够让公司的各位员工在充分了解对方的性格之后再提出有效的反馈意见。具体说来，人的性格是千差万别的。比如，斥责型或鼓励型、民主型或专制型、外向型或内向型、感性派或理性派、结论出发型或重视事物发展过程型等。

除此之外，我们还要特别重视与对方的事前沟通交心。沟通和相互理解作为重要的反馈前提，必须得到重视。

在提高反馈技巧的这一问题上，以人为本的概念固然非常重要，但是我们很难用一句话来阐明它的具体内容。在这里，我为大家整理出这一概念范围内的几个重要关键词。

所谓以人为本，主要是指：

（1）站在对方的立场

（2）同情同感

（3）相互信赖

（4）关心关爱

（5）诚实可靠

（6）内心纯洁、无私心杂念

（7）亲密无间

（8）没有偏见

希望大家首先能够充分了解这些关键词。

以成效为基

简单说来，以成效为基指的是能够确定优先顺序并做出正确判断。比如我之前曾经指挥过一个多人参与的大型项目。

在一次晨会中，我们要确定当天要做的事情和要达成的目标，然而由于与会人数众多，会议时长将大大超出预期。

在本次会议中，我们要讨论的对象并非问题的起因，而是要讨论如何解决事物推进过程中出现的种种问题。因此在本场会议中我决定不再讨论如何做的问题，而是将这一问题反馈给各位与会人员，让他们在实际工作过程中互相沟通如何解决遇到的种种状况。这样一来，整个会议的流程就变得紧凑规范起来。一周时间后，不但整个团队的沟通变得顺畅，而且每天出现的操作失误也在逐渐减少。

所谓以成效为基指的是做出正确的决断。我们在进行反馈的时候要认真地考虑哪些反馈内容是重要的，并按照优先程度对这些反馈内容进行排序，最后选出排名前三的反馈内容。不仅如此，为了让对方能够更加清楚明白，我们要尽力耐心地进行解释说明，用对方能够理解的话来阐明自己的论据，最后还要明确地告诉对方接下来该如何做。

我们既可以当面明确地给对方提出可行的建议，也可以在适当的时候通过邮件的方式将答案或行为建议告知对方。最后，在我们事先决定好的某一时刻对意见反馈的结果和后续影响进行追踪调查。

这种追求成效的方式方法就是我即将在第二章中为大家深度讲解的"反馈环"。下面我将为大家列举几个这一范围之内的关键词。

所谓"以成效为基"主要指的是：

★ 现实性

★ 逻辑

★ 彻底的整合性

★ 综合性（统一性）

★ 优先顺序

★ 明确的判断

利用正念减压法来烘托气氛

现如今，瑜伽、普拉提和冥想已变得非常流行，就连我的妻子也很喜欢去当地的瑜伽工作室或者跟着在线瑜伽课程进行练习。最近，我也一直在努力尝试冥想，以期能够做到专注于当下。正念减压法作为上述这些行为的抽象概念，自美国的乔·卡巴金（Jon Kabat-Zinn）博士创立至今已经获得广泛的知名度。

正念减压法这一概念中包含了"我即在此处"的含义，指的是将100%注意力集中在当前所发生的事情或状况之中的过程。领导能力越强的人，越能够熟练地运用正念减压法。当我们面对这些人时，很容易就会陷入他们所营造的温暖气氛之中，如图1所示。

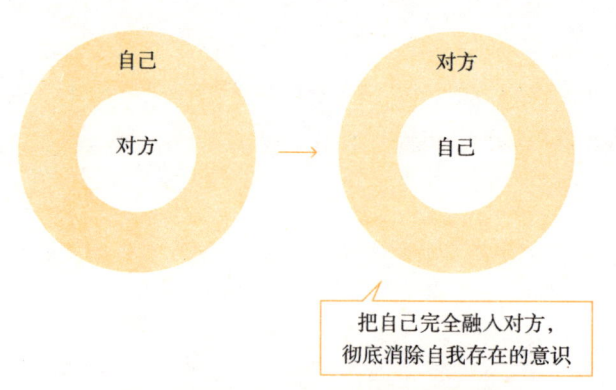

自己　对方
对方　自己

把自己完全融入对方，彻底消除自我存在的意识

图1　使用了正念减压法的意见反馈

我有一位朋友，他是一名十分出色的领导者，毕业于哈佛大学法学院，现在于纽约一家顶级律师事务所担任跨国企业事务律师。我曾经向他征求过反馈意见，当时我就从他身上深刻地感受到正念减压法所带来的魅力。

首先，他非常善于倾听。在我说明问题的时候，他从不插嘴。直到我不再说话的时候，他才会开口说话。同时，他也绝不会随意地甩出一句"哦，原来你想说的是这个意思啊！"来断章取义地猜测我的想法。然后，针对我所提出的问题，他会逐字逐句地挑选出合适的字眼来进行回答。最后，他会从我所重视的价值观出发，根据我的经验和处事方式，使用我能够理解的语言来进行反馈。这一点尤其让我感到舒服惬意。

甚至我们可以这样说，那些使用正念减压法的人即便身处于一个坐有千人的演讲大厅之中，也能够在演讲的时候将所有的观众纳入自己的意识范围之内，营造出一种自己似乎是在与在座的每一个人进行交谈的氛围。而作为听者，他们也会非常容易陷入一种自己似乎正在与讲话者进行一对一对话的错觉之中。

随着数字时代的发展，我们会因为受到社交媒体的影响而变得更加自由散漫、不能专心。

你有没有见过有些人在会议的过程中频繁地查看电子邮件、在打开笔记本电脑的时候闲谈、不经意间将话题转向无聊的闲话或者在严肃的场合下开玩笑、在讨论重要话题的时候眼神四处游移，甚至在探讨困难问题时显得心不在焉呢？

这些都是阻碍意见反馈的负面因素。在将意见反馈给对方的时候，你需要在有限的时间内全心全意地对待对方。与10分钟或20分钟的闲谈相比，一两分钟的全身心反馈更为有效。

我所遇到的那些擅长反馈意见的人，即便他们并不知道何为正念减压法，却仍然能够在实际过程中无意识地践行此法。如果我们能够拥有正念减压法的意识，然后再与对方进行沟通，将是非常有效的。

所谓"正念减压法"主要指的是:

- ★ 具有敏锐的"五感"感知力和集中力(也称为"全神贯注")
- ★ 全神贯注地聆听事物的能力(积极聆听)
- ★ 认真选择你的用词
- ★ 交谈时要考虑对方的经历和价值观
- ★ 不要固执地坚持二元性或二元论

请大家认真理解上述关键词。

什么是切实有用的反馈?

只有少数人能够欣然接受反馈意见

人们真的能够欣然接受别人提出的反馈意见吗?实际上并非如此。在欧美的公司内部进行反馈调查时,我发现几乎所有人总是提到在推进项目的过程中得到的反馈意见不足,想要获得更多的反馈意见。

有60%~70%的人会这样回答。从这些人表现和想法之中我们就能深刻地体会到他们是何等喜爱和重视反馈意见。[1]另外,越是能干的人越渴望获得更多的意见反馈,并能够快速地得到成长。

---

1 曼纽尔·伦敦(Manuel London),詹姆斯 W. 史密瑟(James W. Smither). 反馈导向、反馈文化和纵向绩效管理过程 [J]. 人力资源管理评论, 2002, 12(1): 81-100. ——原书注

但是日本人却非常讨厌从别人那里得到反馈意见。一方面是因为他们希望自己在别人眼中呈现出完美的样子，另一方面则是因为他们觉得别人一旦提出反馈意见就意味着自己已然给别人造成困扰。这种不允许出现失败的教育渗透在日本社会中，滚雪球般地阻碍了社会的进步。这一点是与欧美社会大相径庭的。

欧美社会中有这样一种哲学。它主张我们要从错误中学习经验，使自己较以前变得更好。在生产制造方面，日本也有着类似的哲学，但是在为人处世方面却没有这样的哲学思维。在日本人看来，被人提出反馈意见就意味着自己已然让对方生气了。

一次，当我试图向某位经营顾问提出一些关于会议发表的反馈意见时，他似乎觉察到了我的意图，于是就立刻对我说自己还有一些其他的要紧事儿需要做，就飞快地离场了。从我个人的角度上来看，我觉得他错过了我的建议是一件非常可惜的事情。当然，之后我也没有再继续跟进。因为除了那些我觉得必须要提出反馈意见的场合之外，我并不想把自己的反馈意见强行施加于他人身上。

反之亦然。日本人不但不喜欢接受别人的反馈意见，也不擅长向他人提出自己的反馈意见。虽然对下属提出反馈意见是领导的权限和工作环节之一，但是由于接收方对于反馈意见总是一副勉为其难的态度，所以大多数的人都对意见反馈意见的质量不甚在意。无论对于自身或是对方而言，这种行为都是非常令人惋惜且有百害而无一利的。另外，由于每个人都希望自身在别人眼中是一个温柔亲切的老好人形象，所以他们几乎不会给对方提出任何反馈意见。

让讨厌反馈意见的人信服接受的三大要点

实际上，如果你所提供质量非常精良的反馈意见，那么即便是那些十分讨厌接受他人提出反馈意见的下属也会逐渐渴望你能提出一些反馈意见。那么，质量优良的反馈意见和质量一般的反馈意见究竟有何不同之处呢？在本章的开头，我曾讲过，有些反馈意见旨在促进员工成长发展，在这里，我们要对这类反馈意见进行更加详细的解释说明。

虽然有人能够提出一些质量精良的反馈意见，但却很少有人能够从要点分析的角度来对这些反馈意见进行解释说明。在这里，我们要对这些要点进行具体分析并加以确认。

我们可以从下面3个问题出发来判断反馈意见的质量精良与否：

1. 该反馈意见是明智的吗？（Is it SMART？）
2. 该反馈意见是灵活有弹性的吗？（Does it stretch？）
3. 该反馈意见什么时候会失效呢？（When does it expire？）

接下来，我们对这3个问题逐一进行分析。

该反馈意见是明智的吗？

想必大家都听说过smart这个单词吧。它作为一个英语单词，含义为"聪明的、有智慧的"。但是这里的SMART作为一个人造词语，指的是人才开发阶段所必须具备的能力。

S：具体的（Specific）

M：可衡量的（Measurable）

A：可执行的（Actionable）

R：紧密相关的（Relevant）

T：及时的（Timely）

希望大家把上述五个要素作为反馈意见时的"五感"来牢牢把握。现在就让我们尝试运用一下它们吧！在前文中，以人本主义的思维来思考问题的部分，我曾讲到过一名制造公司的科长因为下属的固执己见而烦恼不已的事例。这名下属完成的提案质量低劣，却仍然不接受对方的修改建议，令科长十分苦恼。接下来，我们就尝试对这名下属提出反馈意见吧！

在上述事例中，无可奈何的经理最后只得说："我的做法是正确的，就按照我说的去做吧！"这种斩钉截铁的说话方式便不再允许对方置喙。虽然我不清楚事情的具体过程，也不管这名科长是否真的别无他法，我从这名科长的话语中只能听到命令和警告的语气。做好反馈行为的先决条件是要能够习惯使用上文所提到的"五感"。因为这一事例只是一个范例，可能会有一些违和感，希望大家能够谅解。

对于该名下属，我们可以尝试这样去提出反馈意见：

在你所做的这个提案之中，没有对这一部分的分析和详情做出具体说明（S：具体的，specific）。我认为你没有提出具体的对策，换言之，你没有告知对方我们能够为客户提供些什么。

对方在阅读你的提案之后只能够理解其中的30%左右（M：可衡量的，measurable）。除了开头所介绍的背景和目的等其他内容之外，其余部分不太容易让人理解。因此，还需注意以下问题：

1. 请以我所提出的反馈意见为基础，对必要部分进行修改。
2. 请直接对红笔标注的部分进行修改，并在××点之前拿

给我看。（A：可执行的，actionable）

前段时间我做了一个比较成功的提案，给你做参考吧！虽然这个提案是按照我的做事风格完成的，但是你模仿它来完善自己的方案也未尝不是一个好的方法。距离提交方案还有××天，你要提前想好方案的分发数量（R：紧密相关的，relevant）并通过邮件告知我。另外，我感觉还需要与客户接触沟通两次以上。

五大要素中的最后一个是T（及时的，timely）。但是为了避免大家产生误解，我要告诉大家的这个T指的是给对方提出反馈意见的时机，而不是反馈内容中出现的某一时间点或者时间轴。

顺便说一句，从这个例子中我们也可以看出，给对方提出反馈意见要趁早。如果我们等到第二天再提出反馈意见的话，那么对方可能就来不及对方案进行修改了。我所见过的那些有能力的人都是在拿到对方的方案后，立即对该方案进行审阅，并迅速地判断自己是否可以提出一些相关的反馈意见。这种做法也可以在一定程度上避免燃起对方的怒火。关于意见反馈的时机，我将在后文中给大家做出详细说明。

想必大家已经注意到我们要进行一次成功的意见反馈，其前提条件是要礼貌谦和。另外，我们还要避免出现对方捉摸不透的情况（因解释的不同而产生的理解偏差）。

该反馈意见是灵活有弹性的吗？

人类是在不断挑战自我极限的过程中生存下去的。接下来我要举的例子可能有些老掉牙甚至不够贴切和恰当。我在上小学和初中的时候总是看漫画《龙珠》，并一直觉得这部漫画的主人公孙悟空不断挑战自己极限的样子非常酷！

而正是这种对于极限的挑战才使得原本作为普通赛亚人的孙悟空变成了传说中的超级赛亚人,将邪恶的大师弗利萨逼向了恐怖的深渊。这简直大快人心!

但是关键点就在于漫画把孙悟空设定为不死之身以及能够从死亡深渊中复活的人物形象。如果我们在进行意见反馈的时候能够意识到这一点的话,就能够顺利地完成高质量的意见反馈。

围绕这一点,所提的反馈意见不能过高,也不能过低。用经营顾问经常使用的专业术语来表达的话,那么这一阶段可以被分成舒适区、延展区和倦怠区。

如果你提出的反馈意见超出对方的承受能力,那么对方则无法消化吸收该反馈意见,进而也就放弃采纳你的反馈意见了。这样一来,你的反馈意见也就失去原有的意义和效果。这种状态就被称为倦怠区。

意见反馈有时也是一门艺术或科学。反馈是一门成体系的、可以系统化学习的科学。在漫长的历史发展过程中,反馈行为业已形成了一个固定的基本模式。只要你能够掌握并学会使用这种模式,那么你就可以保证意见反馈的质量。当然,你也需要根据实际的人、情况和反馈内容来有区别地运用这一模式。

在前面,我列出了两个关于A(可执行的,actionable)的操作示例。这样做也可以严格地控制时间轴。如果这两项工作你都能胜任,那么就请你都完成。但如果你不能都胜任,那么就请完成其中一个。这种操作方法和时间轴一起共同成了引爆延展区的导火索。

该反馈意见什么时候会失效呢？

当提到"该反馈意见什么时候会失效"这一问题时，我们完全可以把它理解为是在询问反馈意见的"赏味期"[1]。

这是一个非常重要的概念。如果我们对反馈行为产生一定的耐受性，那么就很难接受对方的反馈意见了。

当然，这就是为什么在我们在阅读此类书籍之后想要给对方提出反馈意见以此来培养下属的时候，却在现实生活中屡屡碰壁。

在这里我要啰唆一句，越是有能力的人越渴望得到对方的反馈意见，而越是能够这样做的人越能够得到持续的成长和发展。或许有人在听到这句话后，会觉得这肯定是理所当然的！但实际上有些人并非会这样想。就像我在前文中给大家介绍的关于制造公司科长的事例中，有一条非常重要的信息没有传递给大家。那就是这位科长的下属虽然已经年近40岁，却仍然没有任何职务。

实际上这就构成了科长在进行意见反馈时的一大障碍。为了说服这名下属，科长需要将自己的意见揉得更碎，并且要站在对方的立场上耐心地解释给他听，以期获得对方的理解和认同。

但是这名下属却非常固执倔强且不善于听取他人的意见。除此之外，他的工作业绩向来不佳。这样一来，我们就不难理解为什么科长到最后失去了给他提出反馈意见的兴趣和耐心了。毕竟科长有着可以选择放弃与他沟通的权利，虽然这听起来的确有些

---

[1] 赏味期指的是在未开封状态下，按照包装上注明的保存方法进行保存，并能保持最佳风味的期限。食品的赏味期比保质期短。——译者注

残酷。

即便如此，有能力的领导还是可以给下属提供一些高质量反馈信息。而这名下属也可以在认真分析这些信息后，放弃自己的偏执并开始逐渐改变自己的行为。毕竟大家乐意追求一种精神的耐力和有技巧的判断力。

> 专栏

我所遇到的意见反馈达人
——打破严峻现实的 5 亿美元资本家

能够提供优秀反馈意见的人拥有一种超越自信的"确定性"。有一位勇于进取的欧洲人，他在创建了一些公司后迅速提升它们的市场价值，然后把它们卖掉之后建立了一个更大的公司。得益于他的帮助，我当时加入的风险公司在一年内增加了几百名员工，年销售额也从几亿美元跃升到几十亿美元，资产价值翻了十多倍。

他与其他人的不同之处就在于，他从不说"你要坚强""你要打起精神""只要你努力，就能做到"之类的话，而总是刨根问底般地深度挖掘一些具体的细节。我至今仍清楚地记得他曾教导我们无论做任何事情都要有自己的立场。

当时，我们十几名参与者每周都要进行固定通话。他给我们提出反馈意见时总是说："我对你做了什么活动不感兴趣。我真正感兴趣的是你在活动中发现了什么以及由此产生了什么样的结果。"每次他给我们提出反馈意见时总会有人被骂，但事实证明他给我们的反馈意见是正确的。

例如，当我们逐条列举出无法完成交易的原因时，他就会一一进行解答。如果我们提出上次交易失败的原因是报价太早且所报价格太高时，他绝不会含糊其词地给我们提出反馈建议，比如"下次在时间和价格方面都要格外小心，在尝试之前要分清主次"。相反，他总是会给出许多具体可行的反馈意见，例如"有什么最佳的计时方法吗""下次不要用那个价格，要报这个价格"等。

如果以我最喜欢的网球运动来举例子的话，那就是他从不给我提出诸如"你的对手很擅长正手顺拍，但是你也要小心他的反手逆拍"这样似是而非的反馈意见。我从他那里所得到的反馈意见一定是精确的、有针对性的，比如，"现在注意你的旋转"或者"下次要坚持到你的对手发起攻击再行动"等。

何谓反馈的时机？

在我看来，热气腾腾的炸薯条吃起来非常美味，而那些冷冰冰的炸薯条则是世界上最难吃的食物。就像这个世界上有些东西最好是要趁热吃一样，在反馈过程中，我们遇到下列情况时也要迅速地提出反馈意见，尽管有时候这些反馈意见看起来并不是那么完美。

- ★ 描述状况过程中难以重现当时情景或者描述时间过长时
- ★ 被客户直接提醒的时候

- ★ 感知到工作业务存在一定的风险时
- ★ 你的态度或行为让你周围的人（或其他任何人）感到极为恼火时

如果你在错误的时间提出反馈意见，那么你的想法可能无法正确地传达给对方，甚至在某些情况下会成为干扰工作推进的阻碍因素。在本章中，我将告诉你有效提出反馈意见的时机。

只要是阻碍事物发展的要素，无论大小都要指出来

你能很好地确定一个提出反馈意见的时机吗？当你遇到任何对你的工作业务构成风险或阻碍的因素时，都要立即提出反馈意见。

例如，在与重要客户进行商务会谈时发现其论点发生偏离，或者把自己的观点当成事实来讲，或者只是为了博眼球（炫耀自己的存在）而反复把已经发表过的评论当作自己的观点，或者在会议期间（特别是在电话会议上）总是说一些类似于"是的，是的，呃……嗯……哦……"之类让人厌烦的话，或在有客户的电梯里或者办公室走廊里与人（通过电话）谈论保密事项。

就在前几天，我对一家商业公司的销售总经理说："一个优秀领导的特征之一就是他知道在什么时候给他的团队成员提供反馈意见。"听完，他立即回应说："的确如此，但这却是最难的部分啊！"说完，他像是联想到他与下属部门负责人之间的意见反馈，苦笑了起来。想必各位也正在为自己的团队成员或公司感到苦恼吧！

适合提出反馈意见的 4 个时机

意见反馈包括如下两种类型：一种是可以在短期内解决问题的反馈意见，另一种是需要时间来解决问题的中长期反馈意见。这两种类型的意见反馈的性质不同，其要求的反馈时机也就不同。这些反馈时机可以归纳为以下几方面：

（1）礼仪

（2）工作流程

（3）工作质量

（4）观念模式和人格

如果要我提供一个基本的答案，那就是我们应该先讨论"如何做"的问题，然后再讨论"做什么"的问题，最后再讨论"为什么"。

礼仪

开会时要认真地凝视对方的眼睛，切记来回抖腿。另外，还要在开会前10分钟到会议现场做好准备工作。俗话说"熟不逾矩"，我们必须时时刻刻遵守规则，要让对方感觉深受重视又宾至如归。

几个月前发生了一件让我感觉很愧疚的事情。一个客户对我的团队成员提出严厉的反馈意见："你的工作做得很好，但我认为如果你能早一点儿来准备会议会更好。这也是我们一直坚持的工作方式。不能让那些重量级人物长时间等待是一条铁的法则。"

似乎我们的团队是合作伙伴中最慢的一个。也或许是因为我们同客户的关系热络亲昵，以至于在礼貌和礼节方面疏忽大意。

当对方提出一些关于礼貌和礼仪的反馈意见之时，我们能够迅速纠正自己的错误，因此"即说即改"便成了礼仪方面反馈意见的主要特征。

即便是难以启齿的话语，如"请不要在我说话的时候打断我"，也要立即说出来。即使对方并没有这个打算，也可以从中看出双方在价值观念上存在的差异。

工作流程

工作流程主要包括会议的安排和步骤，从细致角度来看甚至包括文件的存储方法、最后期限的设定以及保证其他人严格遵守最后期限。

工作流程会直接影响到最终成果，所以它显得尤为重要。我相信最终成果的产出与工作流程是密不可分的。

简单地说，所谓工作流程其实就是工作计划，指的是你在何时、与谁、谈论什么、进行什么样的研究、分析和总结以及采取一系列步骤以达到最终的工作成果的过程。

工作流程也指生产过程，或是工作的方式方法和践行过程。大多数情况下，工作流程都具有一定的技术性，也显得相对简单。

工作质量

工作质量指的是最终成果的深度和对个人知识、敏锐度及洞察力的培养。对工作质量的判断要从多个角度来考虑，比如沟通时间的长短、沟通内容的难易程度和详略程度、解决问题的方法、成果的展示方法等。

最近比较流行的"1万小时定律"认为，不管你做什么事情，只要想成为该领域的专家，就必须坚持1万小时以上。但是我觉得这1万个小时中真正实际应用于工作的时间为3 000小时左右，其余的时间是用来打磨自己的工作成果、增加个人的知识及锻炼自身敏锐度及洞察力等。这些时间如果用年数来计算的话就是2～3年。

顺便说一下，我们可以树立一个目标，那就是在这2～3年的时间里学会如何进行上文中所提到的关于"礼仪"和"工作流程"的意见反馈。这样一来，之后所有的意见反馈都必然发生质的变化。

观念模式和人格

观念模式和人格是非常复杂的。我建议大家在一个更为正式的场合提出关于诚信、信任、可靠、果断、灵活性、适应性、创造力和动力等方面的反馈意见。关于这一点，我会在后面展开论述。因为这些方面的问题都是难以处理的事情，它们存在于人们的内心深处就如同深藏在海底之中。

例如，某位上司不善于向下属分派任务，那么最终这个人自己会承担大量的工作，这对一个领导者来说是致命的。其中一个原因可能是他不信任下属。

这样微妙的事情不可能以快速的方式来解决，所以当你有意识地改变这一点时，最好在一个只有你们两个人的安静空间中平静地处理。首先，我们要寻找一个合适的契机。另外，我们此时要探求的是高层次的根源性要素，所以有必要采用非常规的解决方法来直接打破僵局。

以上是关于何时提出反馈意见的几个准则。希望你能把它们作为参考，一定程度上对下属的成长和团队的壮大有所助益。如此，我将不胜欣喜。

在日常生活中寻找反馈的机会

非领导职务的人亦可积累经验

想必大家已经发现，本章主要讲述的是从上司的立场出发来考虑如何向下属提出反馈意见。

但实际上，提出反馈意见的机会绝非仅限于此。我们可以努力提高自身的反馈技巧，并将其用于与下属以外的各种人的交流之中。其结果必然是提高业务工作的效率、得到对方的青睐和信赖、提升工作的质量等。

当然，现实生活中有些人既没有下属，也不曾被任何人要求提出反馈意见。他们想要尝试挑战一下意见反馈，却又不知道应该从何处着手。对此，我将为他们介绍一些立刻就能进行意见反馈的机会。

向相关部门的合作者反馈

不久前，我曾委托一位业务助理做一项关于市场和企业的调查。调查的要求包括对手企业的概要和财务状况、用于分析竞争前景的市场趋势和数字化威胁性等。因为咨询顾问们每天都要周转于公司的多个部门或办公室来展开工作，甚至要跨国进行业务洽谈，所以团队的合作和群众的智慧构成了差异化的重要因素。

那位被委托的业务助理认真地制作了文件夹并发送了链接。另外，为了便于理解还添加了虚线和便签。他按照我的要求最终提供了一个像样的工作成果，所以我处理起这些信息来尤为得心应手。

通常情况下，收到对方的劳动成果便意味着工作交流的结束，之后并没有人会再提出任何反馈意见。而恰在此时，我们是否提出反馈意见便决定了最终效果的差异化。

比如，我们可以告知对方哪个信息比较有用或者哪一部分尚有欠缺等。另外，如果最终完成的成果资料中有一些文本内容的话，那么我们也可以就该内容提出反馈意见，比如"语句措辞不够统一规范""仅凭图表分析无法传达真正意义"等。如果我们能够这般有礼貌地给对方提出反馈意见的话，那么对方多半会欣然接受。

另外一点至关重要的是，在出乎对方意料的部分我们也要尽量用心地提出有用的反馈意见。除此之外，通常情况下我们只同客户或直属团队分享最终的劳动成果。每当此时，我总是在发送工作成果的同时注明："您所建言献策的内容体现如下……"。

当然，这样做的好处就是更容易从对方那里得到新业务。我相信当你拥有向所有利益相关者提供反馈意见的能力时，你的沟通效果就会成倍增强，同时在沟通对象的帮助下你的工作会做得越来越好。

向同事和朋友反馈

接下来要讲述的是如何有意识地提高自身的反馈技巧。你可以尝试做的第一件事是给你的同事提出反馈意见。正是因为你每天都要与同事们朝夕相对、并肩工作，所以你有大把大把的提出反馈意见的机会。

当我们尝试给同事提出反馈意见时，首先要思考的是，如果

他成了我的上司会怎么样？ 这个人会成为一个好的上司吗？如果我认为他不能，那么我便开始思考我为什么会这样想？我们要一边反复思考这些问题，一边准备要反馈给对方的内容。当然，我们可以在进行客观观察之后单刀直入地提出对方需要改进的地方。但是在这种情况下，我更建议大家在考虑伙伴关系的同时进行意见反馈。具体来说，如果我们能够从如下角度出发，给对方提出反馈意见以示关心，那么效果会更好。

★ 对方所设定的目标
★ 对方同周围人的沟通方式及态度
★ 作为队友和同事，你们在工作方式上的差异和难点
★ 如果自己已经能够在硬技能和软实力方面独当一面，那么与己相较，对方还存在哪些不足之处

我们中的大多数人都在朝着某个成长目标而不断奔跑。如果我们已经提前了解这一点并在适当的时候提出反馈意见的话，那么一定能够给对方以触动。你了解你的同事和熟人的成长目标吗？如果你在了解他们的成长目标之后提出有针对性的反馈意见，那么对方一定会欣喜不已。

我有一位熟识的朋友立志从顾问专业毕业之后成为一家商业公司的董事；另一位朋友正在拼命努力在某一领域成为受客户信任的高级顾问；还有一个人则在雄心勃勃地为公司培养继任者。

如果在这些情况下直截了当地告诉对方自己想给他提出一些反馈意见的话，那么对方一定不会对我们抱有好感。站在对方的

角度思考，我们一定能够理解对方的心情，除非你与对方的关系亲密无间。我们可以用一种更为随意的说话方式吐露赞美之语："前几日你所提出的方案给我带来了很大的触动。特别是你提到的创新和利基[1]这两部分，非常有趣。"我建议大家用同事的口吻提出反馈意见，因为这样一来，你们的关系越密切，对方的心理障碍就越少。如果你所提出的反馈意见正好切中要害，说不定以后你同样可以从对方那里得到高质量的反馈意见。这是一个互惠互利、相辅相成的好方法。

向上司和长辈反馈

我在二十多岁的时候学到了一个重要的工作精髓，那就是作为一名下属我有义务反驳上司的错误。即使对方是你的上级，他也不会恶意地揣测你的动机，毕竟他知道你提出反馈意见是为了整个团队。甚至当有人对提出反馈意见持怀疑态度时，我们可以反驳说："上司也是人，他也有头脑一热按照自己想法任意做决定的时候。"但是当我们对于上级的决定产生怀疑想法的时候，不要总是想着他是一位如何令人讨厌的上司，而是要不断地设身处地地问自己："他想要传达的信息究竟是什么？"

多年前，在某一次年度代表大会上，有人向一位代表询问了关于该地区增长放缓的情况。也许是这个问题触及了他的禁忌，这位代表瞬间失去了理智，并对提问者进行了严厉的责备。这令在场所有人都大吃一惊。此时，该代表的一名下属向他提出了反

---

1 利基是较小的、尚未发展出来的细分市场，有盈利的基础，但它并非已是企业的优势细分市场。——译者注

馈意见，认为他的话有些刺耳。短暂的沉默之后，这位代表纠正了自己的话，并重新阐明了他的意图（应该专注于未来而非过去……）。

毕竟，作为上司，他们很难正面回答理想状态之中的问题。另外，作为下属有时也不得不提出反对意见或直接拒绝，即使对方是自己的上司。而此时的你需要用平静和缓的语气来提出意见，这样才不会使对方失去冷静。

另外需要注意的是，有时候我们为了保护自己的合法正当权益也不得不提出一些反馈意见。以我为例，如果别人轻视我的时间，我就会非常生气。因为我相信时间就是世界上最宝贵的财富。在我看来，并非时间就是金钱，而是时间比金钱更重要。在时间问题上，我是平等对待身边每一个人的。

但令人困惑的是，有些人并非如此。他们身上存在一个坏习惯，就是单纯以自己的职位更高为由来任性地确定工作的优先顺序。

有一次，当我正在负责多个项目的时候，我的上司让我加入一个新项目。因此，我给了他一份未来两到三个月内现有项目的停电日期（无法工作的日期）清单。他面露难色，一脸不情愿地听着，而当时的我也以积极配合的态度提出了想法。

一周后，我负责的一个项目终于进入到最后的提案阶段，于是我就去上司的办公室再次确认日程安排。他说："我知道你在未来两个月中会有几天休息日，但是你能否牺牲一下休息时间来尽快完成这些项目？如果你能很快结束这些项目的话，是不是就来得及加入我之前说的那个新项目呢？"我心想："果然，他是这么想的。"为了让他更加尊重我的时间安排，我立即给他提出了反馈意见。虽然我当时内心已经燃起熊熊怒火，但还是用平静和缓的语气说："您说的那几天都不是我的休息日，我在那些时间里要负责另一个客户的工作，但是为什么您刚才说我要在那几日休息呢？"听我说完，他立刻纠正了自己的错误，而且从那以后，便再也没有这种误会了。

在此，我想和大家分享一下我曾在一本很久以前读过的英语书籍中学到的经验。那是一句发人深省的话。

"你必须始终让你的上司知道（信号）你希望被如何对待，否则他将会按照自己的意志来随意使唤你。"

提出反馈意见时也要讲究"啄食顺序理论"[1]

通过上述方法，我们可以在日常生活中把握反馈意见的机会，与各利益相关方建立更好的关系并出色地完成工作。

反馈是一种根据对方情况而必须注意相关细节的交流方式，所以我们提出反馈意见的次数越多越能提高自己的能力，从而也就变得熟练起来。然而，此时有一件事情需要引起你的注意。

啄食顺序是存在于鸟类世界中的一种优先顺序排列。我们在

---

1 啄食顺序理论首先由美国经济学家梅耶于20世纪80年代中期首先提出，而啄食顺序理论最完整的阐述是由梅耶和马基卢夫共同完成的。啄食顺序理论是指一个公司优先选择的融资顺序是：①内源融资；②外源融资；③间接融资；④直接融资；⑤债券融资；⑥股票融资。即在内源融资和外源融资中首选内源融资；在外源融资中的直接融资和间接融资中首选间接融资；在直接融资中的债券融资和股票融资中首选债券融资。——译者注

进行意见反馈的时候也要尽可能遵循一定的顺序，并在此基础上扩大自己的反馈范围。事实上，我们每天都会理所当然地提出反馈意见，但实际上反馈行为中是存在一定顺序的。

首先，对下级提出反馈意见是最简单明了的；其次是同事；最后便是直属上司。从权力的制约平衡这一角度来考虑的话，给相关部门的同事或下属提出反馈意见是相对轻松的，但很多时候并不能激发他们的动力和积极性。

最后是给客户以及上司的上司提出反馈意见。此时的沟通风险是很高的，除非你已经与他们建立了非常密切的关系。想要培养这种感觉必须要经过较长的时间且要经历多种场面。

原则上，我们应该只在被问到时才做出回应，并将意见范畴缩小至你所擅长的领域。提出反馈意见的对象不同，其难易程度也不同，但重要的是我们要尽早将自己的意识同对方的期望以较高的契合度结合在一起。

检查列表 1

你给自己的意见反馈技巧打多少分呢?

本章在介绍反馈意见的技巧之前,已经给大家讲解了一些基本的原则。请各位参考这些内容,如实回答下面12个关于反馈技巧的问题。这些将成为了解日后应该优先打磨哪些方面的重要线索。

1. 你实际提出反馈意见的频率如何?

   ⑤ — ④ — ③ — ② — ①

   | 经常提出反馈意见 | 觉得太过麻烦,所以从来不提出反馈意见 |

2. 你是在了解他们的工作状态和非工作状态的基础上提出反馈的吗?

   ⑤ — ④ — ③ — ② — ①

   | 总是这样做 | 觉得太麻烦,所以从未这样做过 |

3. 你提出反馈意见是否旨在促进对方成长呢?

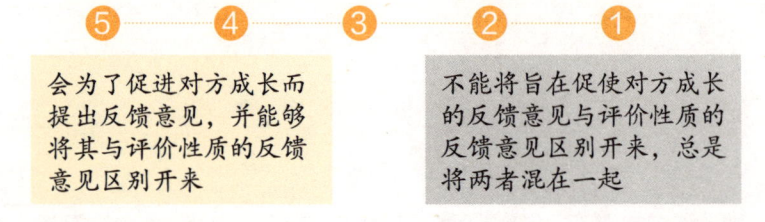

   ⑤ — ④ — ③ — ② — ①

   | 会为了促进对方成长而提出反馈意见,并能够将其与评价性质的反馈意见区别开来 | 不能将旨在促使对方成长的反馈意见与评价性质的反馈意见区别开来,总是将两者混在一起 |

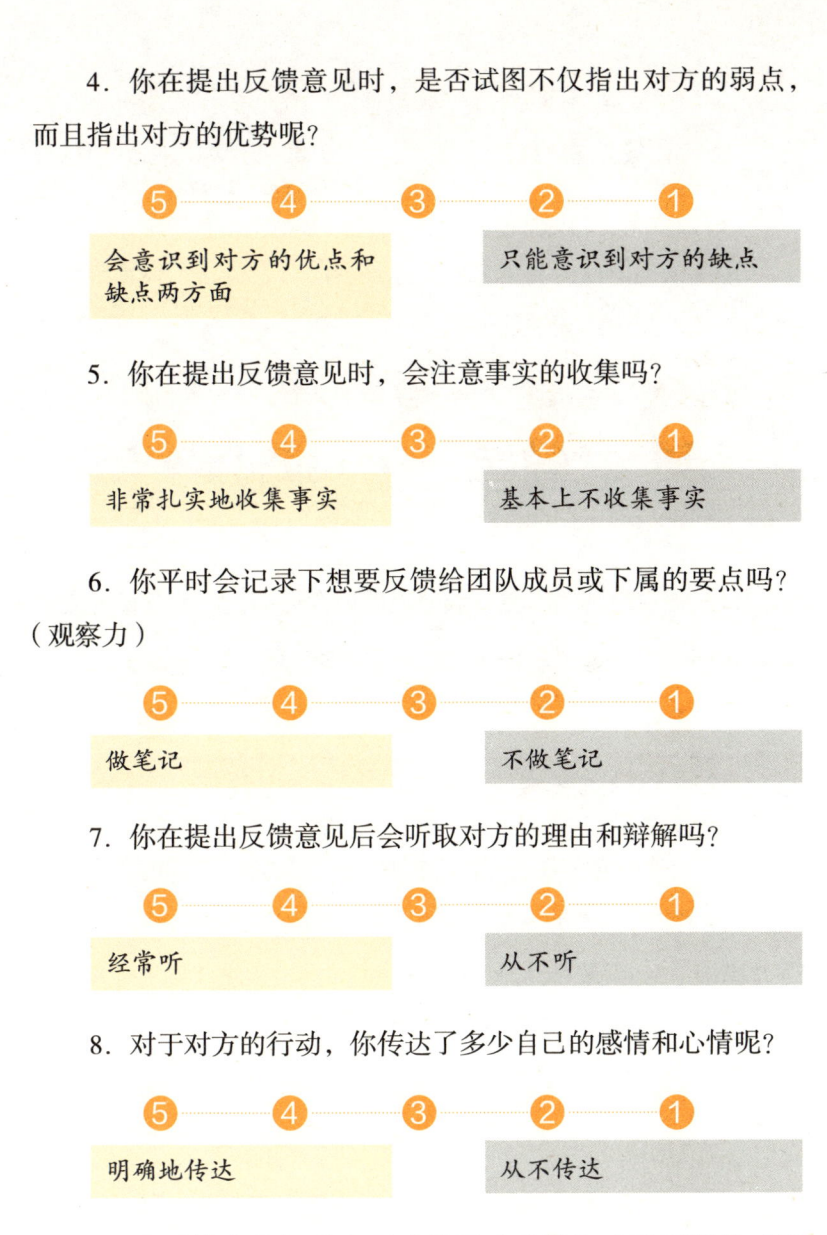

4. 你在提出反馈意见时，是否试图不仅指出对方的弱点，而且指出对方的优势呢？

5 —— 4 —— 3 —— 2 —— 1

会意识到对方的优点和缺点两方面　　只能意识到对方的缺点

5. 你在提出反馈意见时，会注意事实的收集吗？

5 —— 4 —— 3 —— 2 —— 1

非常扎实地收集事实　　基本上不收集事实

6. 你平时会记录下想要反馈给团队成员或下属的要点吗？（观察力）

5 —— 4 —— 3 —— 2 —— 1

做笔记　　不做笔记

7. 你在提出反馈意见后会听取对方的理由和辩解吗？

5 —— 4 —— 3 —— 2 —— 1

经常听　　从不听

8. 对于对方的行动，你传达了多少自己的感情和心情呢？

5 —— 4 —— 3 —— 2 —— 1

明确地传达　　从不传达

9. 在反馈中告知对方正确的行动或行为（即所谓的"答案"）时，你需要注意什么？

⑤ ——— ④ ——— ③ ——— ② ——— ①

对方能够真正理解　　　　　　只传达信息，之后便任凭对方自己努力

10. 在提出反馈意见之前，你是否向对方传达了你希望他们具备的相关能力或表现的信息？

⑤ ——— ④ ——— ③ ——— ② ——— ①

定期设定一些要与对方沟通的内容或要传达的信息　　　　　　会写在工作记录中，但不做硬性要求

11. 你在对那些不愿听取他人反馈意见的人（非常优秀或本身存在问题的）提出反馈意见后的效果如何？

⑤ ——— ④ ——— ③ ——— ② ——— ①

可以实现较好效果　　　　　　完全应付不了

12. 每次给对方提出反馈意见时，你是否都以同样的方式与他们交谈（例如，"事实→倾听→对工作的负面/正面影响→工作建议/强化措施""错误的行动→正确的行动""进入主题前褒赞对方→谈论的主要内容是负面清单→结束话题时再次表扬对方"等）？

⑤ ——— ④ ——— ③ ——— ② ——— ①

方式相同　　　　　　手法杂乱无章

当你回答完这些问题后尝试给自己打分。怎么样？总分达到60分了吗？在回答这些问题时，你也可以听取下属的相关意见。

第二章

提高反馈影响力的"反馈环"

> 初学者的心充满各种的可能性,老手的心却没有多少可能性。
>
> ——铃木俊隆《禅者的初心》

反馈意见的模式

反馈意见不只是普通的提醒和建议

想必大家已经对普通的意见反馈流程十分熟悉，其主要步骤为：①对方做错了事情→②提醒对方注意并督促他采取相关的改正措施。这一流程是非常简单的。

然而，正是由于它的简单，所以才时常被用于在简单场合中提醒人们，比如切忌在开会时来回抖腿或者要用双手去接对方递过来的名片等礼仪礼节问题。但是一旦涉及工作本身或复杂事态时，这种普通的反馈模式就不那么有效了。

当对方自身迫切想要快速改正错误或应当采取相关改善措施时，这种普通的反馈模式尚且可以发挥一定的作用。此时我们要做的事情就是让他们意识到，继续这种行为对他们自身是极为不利的。例如，当对方在基本的礼仪（如使用刀叉的方法）上存在一些问题时，我们可以从"丢面子"的角度出发给他们提出反馈意见。这样一来，他们会很快改正自己的错误，我们也就能够轻松简单地传达自己的心意。

然而，有些时候这样的礼貌和礼仪是有底线的，所以有时候你可能不得不触及伙伴的敏感区域。

最近，我在一次培训活动中遇到一位学员讲了一件非常有趣的事情。这名学员是一名人力资源招聘师，当时他正在为一名非常有前途的候选人进行最后面试。面试进行得很顺利，公司的高级管理层也对该候选人很有好感。

但是，当他们一起出去吃午饭的时候，这名候选人仿佛在音乐厅里挥舞着指挥棒那般挥舞着刀叉，兴致勃勃地同公司员工展开了激烈的争论。在场的人事经理和他的伙伴都对这位候选人的喜剧性行为惊讶不已。他们互相看了看，一致认为无论这个候选人的工作能力有多强，都不适合同客户进行业务交流。

我无法告诉大家接下来发生了什么，但是那位人事经理不无伤心和遗憾地说："这位候选人一定没有从别人那里得到过恰当的反馈意见。"

在我们每天互相切磋探讨、氛围严肃紧张的工作环境（即"现场"）中，普通的反馈方法不能充分发挥本身的效力。要求的门槛越高，普通的意见反馈就越难发挥作用。

在咨询行业亦是如此。因此，我们针对这些情况确立了一些相应的有效反馈方法。虽然方法并非固定单一，但是其本质要求是互通的。

在这里，我想与大家分享一种被称为"反馈环"的方法。简单来说，它包括如下4个步骤。大家可以按照这一顺序提出反馈意见。

（1）认真观察并收集事实（频率、跨度、数量以及做记录的地点）。

（2）设身处地地仔细聆听对方阐述的理由（积极聆听）。

（3）告知对方你对该行为的感受和情绪（产生影响）。

（4）给对方提出自己的建议，并告诉他们正确的做法（如果很难找到正确的解决方案，就提出问题并与他们共同解决）。

这种被称为"反馈环"的方法可以应用在很多情景之中。比如：

- ★ 当你对对方不甚了解的时候
- ★ 对方只能通过别人的评判来了解自身的时候
- ★ 当反馈的数据点非常少的时候
- ★ 当你不得不给出负面反馈的时候
- ★ 当你没有明确应该采取什么行动或希望通过协商来解决问题的时候
- ★ 当你必须与对方就某项任务或项目持续合作的时候
- ★ 当对方不乐于接受别人提出的反馈意见时
- ★ 当你想以一种正式化、标准化的相同方式来对积极反馈和消极反馈进行统一规范处理的时候
- ★ 当你想接近一个表现不佳的人,并给予他们反馈意见的时候
- ★ 当下属或团队成员在面对批评或评论采取防卫态度的时候
- ★ 当你必须提出跨国境或跨文化差异的反馈意见时

在上述这些情况中,"反馈环"可以充分发挥作用。阅读至此,想必大家都已然重新认识到反馈是一件复杂的事情,需要我们在完成的过程中考虑到时间、地点、场合等。

另外,在你不知如何提出反馈意见的时候,它是最能发挥效力的。这对于不擅长意见反馈的人来讲是一剂灵丹妙药。

你的反馈意见是否容易被对方接受呢?

为什么"反馈环"如此有效呢?因为它能够让接受者清楚地了解到他们为什么会收到来自别人的反馈意见。

一般来说,反馈不能发挥作用的原因在于无法推导出结论。换句话说,就是在对方没有深刻理解的情况下直接跨越到讨论

"做什么"及"怎么做"的争论阶段。提出反馈意见的重要前提是要把信息传达给对方。如果你不能认真地解释提出反馈意见的原因,那么最终无异于浪费时间。

曾经有一个人简单地介绍了自己公司成功的秘诀。他将这一方法命名为"黄金圈",并因此一举成名。大多数公司都将竞争的焦点集中在"卖什么"以及"商品具有哪些特征"的问题上。

但是,畅销商品一定是能够牢牢吸引人们注意的产品。正如西蒙·斯涅克[1]所断言的那样,消费者购买的不仅仅是实体产品,他们更是为该公司的使命和存在的理由而买单[2]。

问题的核心在于讲清楚"为什么"。我们在提出反馈意见时也是如此。作为提出反馈意见的一方,我们必须给出能够说服对方的理由。

使用基础模型可以避免出现沉重的失败结果

如果你正在阅读本书,说明你已经在一定程度上意识到意见反馈的重要性。我也曾经历过反馈失败或被人嫌弃的情况,这些都成了一种苦涩的回忆。

接下来我要给大家讲述一件我至今难以忘怀的事。故事的主人公是我所在团队中的一名同事。他是一个勤奋的人,而且非常擅长Excel的操作和其他技术性的事务。他的性格很好,跟我们

---

[1] 西蒙·斯涅克(Simon Sinek),演说家,作家,因提出"黄金圈法则"而得名。著有《超级激励者》和《如何启动黄金圈思维》等书。——译者注

[2] 西蒙·斯涅克(Simon Sinek). 从为什么开始:伟大的领导者如何激励行动[J]. Portfolio, 2009. ——原书注

相处得也很好。我们的团队里有四个人，除了与指挥团队的上司以外，他都能很好地处理与其他人的关系。

但是在之后的日子里，我偶然从一名我非常尊敬的老同事那里听到了一些关于这位同事的坏话，比如"他在这一部分做得很差""明明那样做会更好，但是他却做不到"等。

当时的我还非常稚嫩，所以我很容易受到其他人意见的影响，并戴着错误的有色眼镜来看待同事的行为和表现。最后我给他提出了失之偏颇的反馈意见，这导致被他嫌弃了很长时间。现在的我总是会不无遗憾地想，如果当时的我已经掌握了意见反馈的基本知识就好了。

我在本章中给大家介绍的"反馈环"是一种优化了的反馈技巧，它可以适用于各种工作环境。如果能够得到大家的认可，我将不胜欣喜。无论是每天都可以随时随地进行的非正式意见反馈，还是作为公司内部系统的一部分定期进行的正式意见反馈，只要你掌握了这种操作方法，便能够应付所有的局面。

步骤1 观察

进行观察

我们在日常工作中通常不会刻意想着要给对方提出反馈意见，也不会拼命地跑来跑去寻找反馈材料。反馈意见是你与其他人一起工作的过程中自然而然形成的。因此，这其实是对你观察能力的一种考验。

善于提出反馈意见的人在同下属一起工作的过程中，能够同时注意到他们身上存在的弱点和需要改进的地方，并且这种观察能力要高出其他人好几倍。然而，仅仅通过观察力就断定一个人是意见反馈的高手是远远不够的，因为还必须具备倾听、沟通和强化行动等能力。这些将在后面展开详细讨论。尽管如此，善于观察仍然是通往成功的重要关口。毫不夸张地说，你越善于观察，你的员工就会成长得越快。

如何才能做到只关注"事实"？

"你怎么总是迟到啊！"

想必大多数的人以前都曾这样提出过反馈意见或提醒对方注意。然而，这样一句简洁的话语中却包含了三个隐含的前提条件（假设）。你能看出来吗？

或许你能看出其中两个，它们分别是"总是"和"迟到"。当然，即便我们给对方提出这样的反馈意见，对方也不会不依不饶地追问我们为什么可以言之凿凿地批评他总是迟到。但是，如果我们换一种更为严谨的说法时，可能会更准确。

"你每周都有四次参加8：30的会议时迟到，而且每次都是迟到10分钟左右。"

看完这句话，想必大家已经知道隐藏的第三个信息便是"会议"。读完这个简单的句子后，想必很多读者已经将脑海中的"迟到"一词替换为"到达公司"。

我们的大脑总是倾向于根据自身熟悉的经验和过去的情况来组织整理事物。这对于一直处于求生模式之中的大脑而言，可以称得上是一种生存手段。首先进行猜测，然后纠正错误。只是在提出反馈意见的过程中，这种猜测会非常棘手。

提出反馈意见的过程往往会牵扯许许多多的情感纠葛，承载了很沉重的压力。因此，我认为非常重要的一点就是要避免做出模棱两可的假设，并保持在同一水平上展开交谈。我们需要认真地斟词酌句，并直截了当且精准地把信息传达给对方。

自始至终依据事实来阐述意见

实事求是地提出反馈意见，就是不要预先判断对方的想法。虽然有时我们提出的反馈意见（如"你的谈话很混乱"或"你的工作没有条理"）也是事实，但更重要的是，我们要更进一步地阐明"混乱"的含义。

我也曾收到了很多令我惊讶不已的反馈意见，但我却时常能够从不偏离事实、以事实为基础的规则中有所收获，而这种规则是咨询公司特有的一种属性。

例如，我曾经参加过一个关于改善运营管理的项目。当时的上司对我说："文件中多余的数据必须删除，这样才能使它看起来更完美、更可靠。"

上司是个非常细致的人，他的反馈意见无疑会使得文件无论是数字化展示还是打印出来都显得很完美。但让我一时难以置信的是，上司所说的多余数据其实指的是一个文本框，而这个文本框在不实际打开PPT的时候是无法显示出来的。并且这个文本框非常小，默默地隐藏在页面的某个角落里。

于是，我懂得了这就是他所追求的完美。上司是以事实为基础来提出反馈意见的。从这一点上，我看到的是他的认真劲儿，而不是吹毛求疵或把自己的价值观强行灌输给别人。我至今仍然牢记，像这样的高标准工作态度是非常重要的，这也成了我的价值观。

当然，我不知道自己是否能够给现在的团队成员们提供这样的反馈意见，但是我会始终把它作为我终身的奋斗目标。

关于上文中所讲的"依据事实来阐述意见"，我们可以从以下两点来理解：一是 要客观地描述事物原本的样子；二是 不要掺入自己的情绪或想法。

为了便于大家更加准确地理解，接下来我举出一些例子。

例1

最佳：在上周的会议和三周前的会议中，你在提交所需材料时均迟到了10~15分钟。并且在上周召开会议之前，我为了避免再次出现这种情况已经给你发送电子邮件加以提醒了。

一般：你提交会议材料总是迟到。

×主观（错误）：你是个懒家伙。

例2

最佳：与两个月前相比，这个月的成交率下降了X%。

一般：最近，你的成交率一直在下降。

×主观（错误）：你对待客户不够热情，是不是害怕被拒绝啊？

使信息保持原始状态，并在最后解释其核心内涵

提出反馈意见的第一步是要客观地描述事物原本的样子。这与我们在日常工作中所期望的信息要简短精练是相反的。

咨询行业中有一种非常独特的思维方式，那就是金字塔式的逻辑树。如图2所示，核心内涵被放置在顶端，用来作为支撑的事实依据被安排在下层。

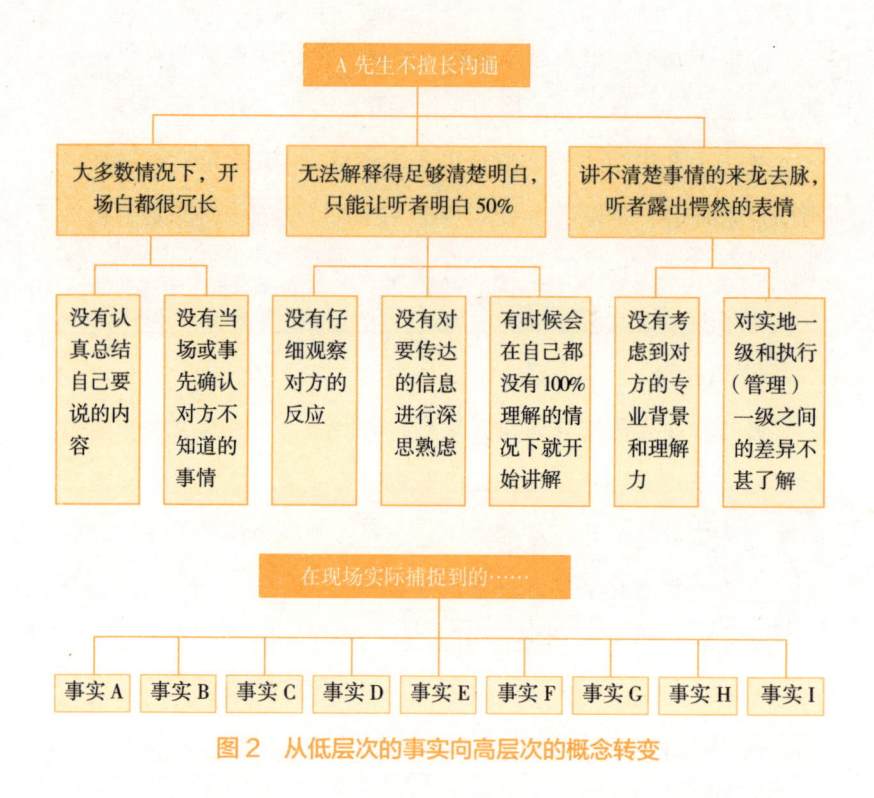

```
                          ┌─────────────────┐
                          │  A 先生不擅长沟通  │
                          └─────────────────┘
          ┌──────────────────┬──┴────────────────────┐
┌──────────────────┐ ┌──────────────────┐ ┌──────────────────────┐
│ 大多数情况下，开  │ │ 无法解释得足够清楚明白， │ │ 讲不清楚事情的来龙去脉， │
│ 场白都很冗长      │ │ 只能让听者明白 50%     │ │ 听者露出愕然的表情    │
└──────────────────┘ └──────────────────┘ └──────────────────────┘
```

| 没有认真总结自己要说的内容 | 没有当场或事先确认对方不知道的事情 | 没有仔细观察对方的反应 | 没有对要传达的信息进行深思熟虑 | 有时候会在自己都没有100%理解的情况下就开始讲解 | 没有考虑到对方的专业背景和理解力 | 对实地一级和执行（管理）一级之间的差异不甚了解 |

```
                    ┌──────────────────────┐
                    │   在现场实际捕捉到的……  │
                    └──────────────────────┘
```

| 事实 A | 事实 B | 事实 C | 事实 D | 事实 E | 事实 F | 事实 G | 事实 H | 事实 I |

图 2　从低层次的事实向高层次的概念转变

事实上，我们的大脑在每天的工作中都在收集像柏青哥球一样大小的事实颗粒，但随着时间的流逝，这些曾经的生动事实逐渐变成了核心内涵。最终，当我们提出反馈意见时，它往往已经变成了位于金字塔顶端的"简短精练的信息"。

当你提出反馈意见时，先指出事实，然后逐步上升到较高层次的概念，这样就能更准确地传达你的信息。

1　柏青哥是日本代表性的娱乐产业之一，于20世纪初于名古屋市发明，最初用作儿童娱乐机器使用。游戏的主要方法是通过向在布满钢钉的游戏盘中弹入小钢珠（名叫柏青哥球），使其落入特定区域为中奖。——译者注

让事实依据发挥应有的作用
灵活使用反馈笔记

当我有堆积如山的工作要做之时，或者当我正与下属展开频繁的互动之时，也或者当我努力赶在客户要求的截止日期之前完成工作之时，我一定会认真观察我的下属、同事和上司，并把我所在意的事情记录下来。

在一个本来就没有形成反馈文化的单位组织中，要培养这种习惯可能会非常困难。然而，即使你所在的公司没有形成培养员工成长的企业文化，但至少每年都会进行一次绩效审核。

当然，社会上也有不少像我们这种以项目为单位的组织，但我想他们中的大多数都是每六个月或一年做一次正式的意见反馈。但这绝不意味着你不必认真对待意见反馈——相反，正是因为你有大把充足的时间可以利用，所以扎扎实实地做笔记才能发挥作用。其优点是：

- ★ 节省了你追溯记忆的时间和精力
- ★ 你可以跟踪对方的进展，尤其是在多次合作之后进行审查的时候
- ★ 可以获得对方的信任
- ★ 你可以在事实的基础上进行诚实真挚的讨论

根据我的经验，第一个优点是特别重要的。因为在兼顾审查和日常工作的过程中，从模糊的记忆中努力挖掘细节是最浪费时间的事情了。

记录"事实＋感情"

当我们做笔记时，可以采取如下两段式结构。

事实：

- ★ 最近回复邮件总是延迟
- ★ 与平时相比，电子邮件内容和沟通时间等方面出现了更多的错误（2020年3月8日）

感情：

- ★ 我当时非常生气

你可以采用任何你喜欢的风格，但是一定要对要点进行分条整理，这样有利于我们回顾以往的笔记内容。除此之外，我一定会写下记录日期。

如果我没有写下记录日期，就无法知道我后来是否已经给出了反馈意见，因为日期是提出反馈意见时第一个可信的要素。而且我们采用这样的传达方式，更有利于对方记住我们所提出的反馈意见。

另外，我们要尽可能详细地描述自己的感情。这样做既是为了在以后提出反馈意见时能够让自己的话语更有人情味和温度，也是为了同其他的反馈意见进行比较并做出校正。

有时候，我们会对某些事实产生过激的情感反应。就在最近，某位意见反馈的负责人邀请我参加电话会议。最初，我对他缺乏礼貌的做法、不成熟的沟通和不恰当的行为提出了严厉的反馈意见。

但是，当我挂断电话后回顾了一下我当天的笔记，上面赫然写着今天的自己非常生气。意识到这一点后，我立即给他回了电话，并请他把刚刚听到的那种严厉批评的语气"降低八度"。另外，我补充道："如果有其他人给出类似的反馈，请你用同样的语气把它们记录下来。"

提出反馈意见时，非常重要的一点就是要成为一个能够保证公正的人，因为这事关别人对自己的信赖度。写下感受的想法来自我自己的痛苦经历。只是当时的我很年轻，没有深刻理解这一道理，为此吃了很多苦头。

用邮件给自己写一封信

在提出反馈意见的问题方面，有一种方法比做笔记更有效，那就是用邮件给自己写一封信。因为这样不但可以把日期和时间全部记录下来，你还可以随时随地打开它，甚至在工作的间隙都可以查看。即使你身处下班的公共汽车中，也可以把包括但不限于令自己烦恼之事在内的所有自己在意的事情，都以反馈的形式发送给自己。这样一来，我们就可以随心所欲地整理自己的心情。

虽然智能手机也有备忘录的功能，但我更钟情于发邮件。通过给自己发邮件，我就会牢牢地记住这个反馈信息。"发送"这个按钮有一个不可思议的副作用，那就是只需按下它就可以真正缓解反馈所带来的紧张感。

如果有人准备在下周征求你的反馈意见，你该如何应对？

对于那些因被工作压得喘不过气而没有时间为提出反馈意见做足准备和观察工作的人而言，有一个很好的方法可以提高自己的反馈能力。

有人（小A）希望我下周能给他提出一些反馈意见，于是我便坐在桌子旁埋头苦思自己与小A共事是什么感觉,他存在的问题和需要改进的地方是什么,以及他的优点是什么等问题。然而,我始终找不到合适的回答,非常担心最后会草草了事。如果大家遇到了同样的问题,请大家尝试一下我接下来要介绍的"审查员思考法"。

这里有一些问题可以帮助你容易地回忆起一些过去发生的有意义的事情。

(1)你愿意今后同小A合作吗?为什么?

(2)如果你要向小A推荐其他的工作或项目,你会选择什么?

(3)你是否会提拔小A到更高职位呢?为什么?

只需回答这3个问题,你就可以得到一个融合多重因素的答案。

当面对第一个问题时,我往往会考虑小A的人品和性格。此时,我的脑海里会浮现出"和小A一起工作很开心,很刺激。因为他是一个很幽默的人"或者"他不爱动脑子"之类的答案。提出这个问题,我们不可能立马得到一个硬技能方面的答案。面对这个自我提问,我们可以回忆起很多的事例。

第二个问题是关于技能的。面对这个问题的时候,我总是在考虑对方必须在工作之中培养或强化的能力,比如"他非常需要培养分析问题的能力"或者"他需要进一步提升收集信息的能力"等。从小A的立场上来看,这些意见有助于他在将来创造更大的价值。

第三个问题要求我们客观地指出对方身上存在的缺点和不足之处。虽然和小A一起工作会让自己觉得充满激情,但是通过客观分析，我们可能会做出"现在提拔他还为时过早"的判断。比如，我们最近遇到的一个真实案例就是高级管理者行列中仍然有很多人不能以精练有力的方式进行沟通。

综合这些因素，我们就可以大体上描绘出小A的整体形象，并给他提供具体的反馈意见。

说话人不同，对方的反应也就不同

在安徒生的童话中，有一个故事叫《皇帝的新装》。在这则故事中，最喜欢打扮自己的愚蠢国王却被一个狡猾的裁缝欺骗了。但是真正的罪魁祸首是他的那些大臣们，因为他们没有向国王反馈任何信息。国王在命人缝制他的梦幻新衣之时，多次向重臣们询问自己的打扮。然而，他们为了不得罪国王而做了虚假的证词。结果国王在他的国民面前丢尽了脸。

当我们提出反馈意见时，似乎更关心的是"人"而不是内容本身。无论我们提出的反馈意见如何正确，也不得不考虑对方在接收反馈意见后会产生怎样的想法。

当然，对于接收反馈意见的一方而言亦是如此。例如，如果你对某个人印象很好，你就会欣然接受他所提出的反馈意见。相反，如果你对某个人的印象很差，那么就很难听取他所提出的反馈意见。在别人提出反馈意见之前，我们已经产生了"因为是他提出的反馈意见，我很想听"或者"那个人所提出的反馈意见毫无意义，我不想听他说话"等想法。

在这里，我必须要明确的是我们很难将反馈的内容与提出反馈意见的人彻底分开。如果你还很年轻，但是必须向年长者提出反馈意见的话，那么这就会成为一个特别尖锐的问题。更进一步说，也正是这样的理由，让我们在向对方提出反馈意见时变得犹豫不决。

那么，我们该如何确保对方无偏见（不信任或反感）地接收我们提出的反馈意见呢？我们该如何做才能确保自己的反馈意见能够被下属、同事或是上司平等地接收呢？

反馈越复杂，正确答案就变得越模糊，界限也就变得不那么明显。正因如此，基于事实进行观察这一步骤才显得如此重要。这是我工作多年以来的切身体会。

尝试练习将思想转换为事实

在提出反馈意见时，第一步也是最重要的一步就是要保证信息能够从自身思想转换为事实。

要检查自己是否做到了这一点，大家首先要保证自己的反馈意见必须具备如下性质——无论该意见被谁提出，对方听起来的效果都是一样的。也就是说，必须要排除所有的主观性。或许会有人问，难道仅仅这样就可以了吗？事实上的确如此。

例如，我们在提出反馈意见时，不要说"你的声音太小了，而且演讲的内容很无聊"，而应该直截了当地说"只有1/3的听众能听清你的声音，而且大家都在玩手机"。

坚持用事实说话，并且不说任何多余的话——这逐渐成了一项规则。只要你的措辞有礼貌，那么直截了当地提出反馈意见能够取得显著效果。这种方式同样适用于提出表扬性反馈意见的场合。我们要先简明扼要地大声赞叹"你是最棒的"，然后再明确地指出对方究竟哪一部分做得很好。

在提出反馈意见之前，我们尝试把要传达的内容写下来检查一下也是一个不错的方法，见表3。

表3 尽可能排除所有的主观性

主观	排除主观性＝事实
你的声音太小了	只有 1/3 的人能听清你的声音
内容很无聊	大家都在玩手机
进展得很顺利	90% 以上的参与者继续报名参加下一次研讨会

为了能够更准确地传达信息，我们需要认真地思考应该观察什么以及如何观察，这样才能抓住重点。

步骤2 聆听对方所述内容

积极聆听

我们在前几天进行了一次意见反馈活动。一名咨询顾问在采访客户的时候：

★ 说话绕来绕去，长篇大论
★ 有时候提出的问题有点啰唆绕圈子，在阐述要点的时候也花费了很长时间

说得更具体一些，那就是：

★ 当他试图制订一个用来提高能力的计划之时
★ 对于对方所提内容，他在进行空洞烦琐的长篇大论之后才开始步入正题
★ 对方则因为混乱的谈话内容而不知该如何把握主要话题

谈话的过程中需要有一些停顿，让对方明白发生了什么事，然后静静地等待他们的反应。这是反馈环的第二步，我们把它称为"积极聆听"。

何为"积极聆听"？

你是否有过这样的体验？在进行一对一交流的时候，双方的对话会很流畅，你也可以从对方那里得到100%的注意力，那种感觉就像是被神秘的光环包围着。

然后你就会意识到原本自己只是单纯想要单方面地阐述想法，结果却在不知不觉间变成与对方互相探讨更深层次的内容。我们在谈论更深层次的东西，当我向一位首席执行官提到这一点时，他告诉我，著名管理思想家史蒂芬·柯维就是一个这样的人。

他回忆起在20年前的某个研讨会上第一次见到这位在人才培养方面久负盛名的先生史蒂芬·柯维。他告诉我他在同柯维先生进行一对一交流的时候，就仿佛置身于仙境。这种积极聆听的方式的确可以让别人产生如临仙境的感觉，即便我们没有真正身处一对一交流的情境之中。

通常所说的积极聆听，指的是要认真地注视对方，不漏掉任何一个字，并做出一种向前倾的姿态，给人一种全盘接受的印象。

简而言之，积极聆听是一种"超越倾听"的形式。它并非要求对方提高说话的音量，而是要求我们必须努力让对方明白我们已然100%与他们站在一起了。换言之，就是让对方产生一种找到知己的感觉。

我在麦肯锡公司工作时很早就学会了这个概念。在训练期间，我多次被要求以角色扮演的形式来进行此项练习。导师告诉我们："在这里，你会感受到同情心、同理心、利他主义、倾听、适应性等作为咨询顾问所有必须具备的品质。但是如果想要解决问题的话，首先最重要的便是让对方明白我们已然100%与他们站在一起了。"在我还是个20多岁的年轻人时，就能够了解到这个宝贵经验，真的是一种莫大的荣幸。

正因为要获得绝对优势，所以才必须积极聆听

但实际上，积极聆听却是说起来容易，做起来难。因为提出反馈意见的前提是要获得绝对优势。

这是什么意思呢？我们所说的"意见反馈"指是要告诉对方："根据我的观察，我打算提出一些对你的看法。我已经收集了必要的事实。在达到理想状态之前，我认为我的这种看法是正确的，你觉得呢？"这是一种以相当大胆和无所谓的方式进入谈话对象内心世界的行为。

虽然提出的意见越是严厉，我们就越需要小心翼翼地措辞，但归根结底，这句话所包含的分量是不会改变的。因此，当我必须以坦率和实事求是的方式向一个表现不佳的人解释事情的时候，会变得非常紧张。

我至今还记得我在某个海外项目中给一位工作态度很冷淡且犯了很多错误的人提出反馈意见，我告诉他，如果他不认真对待工作，那么他就很有可能不能再参加其他项目了。结果就在那一瞬间，他顿时心急如焚，泪流满面。

数十万年以来，人类一直保留了用于维持生存的防卫本能。为了继续生活下去，我们有着希望得到别人认可的强烈需求。而意见反馈之所以难以实现，就是因为它动摇了这一根基。

人们喜欢自己，但他们会被另一种更高信念所驱使，那就是希望自己被别人喜欢。我们在提出反馈意见的时候必须牢记这一点。

如何建立信赖关系？

你在提出反馈意见的时候需要注意什么呢？答案是多种多样的：尽量不伤害对方、尽量不引起对方反感、纠正对方的错误、提高对方的工作表现、提升团队能力、让工作变得轻松简单等。

但是，无论我们如何提出反馈意见，根本上都需要依靠"信赖"这个关键词。建立信赖关系的方法有很多，其中之一就是步骤1中的观察，即以事实为依据的方法；另一种方法是积极聆听。如果我们不能赢得对方的信赖，那么给他提出反馈意见无异于对牛弹琴。

能够最快获得对方信赖的方法

那么，你该如何赢得他人的信赖呢？当你试图回答这个问题时，很难想出一个答案。如果我们换一个问题，或许很容易就找到了答案。例如，你通常比较信赖谁？答案可能是你的家人、你的妻子、你的丈夫、你最好的朋友、公司的前辈等能够立刻浮现在你脑海之中的人。

但是如果让你深入挖掘这一点并试图解释原因时，你的答案会是什么呢？因为他们可信、可靠、可托付且不会背叛……当我们想到这些理由的时候，脑海中一定会浮现出过去发生的事情，而这样我们想起来的具体事件或经历逐渐转变成了"可信赖"这样一个抽象的概念。

事实上，一本名为《值得信赖的顾问》（*The Trusted Advisor*）的书中有一个方程式阐释了"信赖"这个概念。这本书获得了以咨询顾问为首的众多专业人士的肯定，其理由在于它具有很强的实用性和说服力。在这本书中，作者对"信赖"的组成因素进行分解，并得到以下公式：

信赖=（可信度+确定性+亲密性）/自我主张

可信度：一种可外部感知的因素，如学历、资历、业绩、他人评价、勋章或晋升等。这些要素是无须当事人明确说出来也能被对方知晓的部分。

确定性：主要是指在执行工作的过程中观察到的情况。反馈活动主要包括观察力、事实整理、沟通方法等。

亲密性：主要指同情心、距离感、幽默感、情商等。这些要素越是丰富，则意味着这个人的亲密性越高。

自我主张：自己的办事议程或以自我为中心的行为方式。是否对对方有利尚不明确。

在这个信赖方程式中，作为分子的前三项要素（可信度、确定性和亲密性）的数值越大，就意味着信赖度就越高，而作为分母的要素（自我主张）的数值越大，则意味着信赖度就越低。当然，这些数值并非真实的数字，而是一个抽象的概念。之所以在这里采用"数值"这种说法是为了能够给大家带来更为深刻的印象。

在意见反馈的过程中，获得对方的信赖是造就"对方接受你""确信你所说的话""引导下一步行动"或"发起变革"等成功结果出现的直接因素。

当然，如果你在工作中不被大家所尊重，那么就意味着你的反馈意见面临着不被他人接受的风险。因为作为方程式中第一要素的可信度受到了大家的质疑。

然而，这个问题是很难通过本人的努力就立刻得到解决的。但即便如此，前文中所提到的观察力训练却可以用来提高你的可信度。因为完成观察的你就可以对对方说："我只是客观地观察你的行为并做了详细描述，至于后面该如何做就靠你自己了。"这样一来，它还同时起到了减少自我主张的作用。

因为这个方程式只涉及了加法和除法，所以它是一个非常简单的算术。同时，该方程式的结果也很简单明了——信赖的数值越大，取得的效果越好。另外，积极聆听也同样具有提高可信度和降低自我主张的作用，因此它在反馈意见的过程中也成了一个非常重要的步骤。

我们在多大程度上接受了对方所提的意见呢？

当你在听别人说话时，必须采取如下步骤：

（1）首先要理解对方所说的内容。
（2）检查和评估你所理解的部分。
（3）组织你的想法和应答信息。
（4）实际发言。

如果用文字单纯地写出来，就如上文所示，但在现实中，作为第一步骤的"理解对方所说的内容"非常重要。在我们"倾听"对方发言的时候，会有如下几种状态：

★ 不去听（不想听）对方说什么

★ 虽然在听对方说话，但心不在焉。因为在意别的事情而无暇认真思考对方的话
★ 虽然在听对方说话，但是在思考自己接下来想说的话，并努力寻找回应的时机
★ 虽然在听对方说话，但无法理解其内容（或者对方所说内容的确很复杂）
★ 100%在听对方说话

在进行反馈活动的时候，你觉得自己通常处于上述哪种状态呢？在我曾经参加的一个交流研讨会上，要求与会成员们以小组为单位写下自己在"倾听"时的状态，并把它们写下来。这个小活动使我们在座的大多数人都深刻地意识到自己的倾听技巧还远远没有达到要求。

引导对方吐露内心想法并加以确认

在积极聆听的过程中，我们必须要做的一件事就是向对方确认你的理解是否正确。这将有助于我们将自己的世界与对方的世界协调整合起来。

在进行反馈活动的时候，最令人讨厌的事情之一就是彼此的想法和解释出现偏差。所以经常会出现这样的状况——人们在事后争辩的时候会说自己当时所说的话并非对方理解的那个意思。

比如，我们在阐述自己观点的时候，与其说"小A目前还做不到"，不如采用"我认为小A目前还做不到，你怎么看"这类说法。或者我们给对方提出"当你迟迟没有提交材料的时候会发生什么事情"或者"你当时在想什么"等问题来给对方一个思考任务。

这样我们可以在让对方回顾现状的同时也加深了彼此之间的理解。

为了避免出现分歧，无论这件事情看起来多么理所当然，我们一定要不厌其烦地反复询问直至清楚。最后，我们一定要对对方的立场进行归纳和总结。

比起听到的内容，更重要的是听话方式

在反馈行为中，倾听的姿态是非常重要的。我在作为分析员参加某次培训活动的时候学到了一个非常重要的道理——非语言性的交流和线索要比语言性的交流和线索更为重要。

从那时起，这个启发在无数次场合中帮助了我。我们能够从这种非语言的交流方式之中找到提高准确性的捷径，这一点我希望大家牢记。人们总是倾向于把注意力集中在内容本身，但其实这并不会产生太大的效果。

那么，在积极聆听的过程中，我们该掌握哪些要点呢？

★ 认真倾听对方的话

所谓"认真倾听对方的话"，其实指的就是要深深地体谅对方，不仅要把对方当作上司、同事看待，而是要把对方当作"敬佩的人"来看待。

★ 要一口气听对方说完

如果你打断对方的讲话来给出建议或讨论分歧点的话，对方

会觉得你并没有认真听他说话。

★ 站在对方的角度去聆听

把自己想象成对方。聆听过程中的一大忌讳就是强调自己就从来不做那样奇怪的事或者自己从不会犯错或犯傻。

★ 倾听却不评判

在反馈活动中，对方自然是充满戒心的。因此，如果你站在审判的制高点上提出反馈意见的话，只会起到反效果。此时，我们要做的是不加任何评判地去倾听，即便你的意见与对方的想法完全相左。正因为这一点难度非常大，所以才要求情绪的成熟度。

★ 和对方保持同样的姿势

如果对方身体前倾，那么自己也要向前移动重心；如果对方双手抱在脑后呈现出一副放松的姿态，那么自己也要坐在座位的深处。相反，如果对方抱起了胳膊，那可能是在释放一种"兵来将挡，水来土掩"的信号，此时，我们要试着做一些可以缓解对方紧张情绪的动作。

积极聆听是构筑信任关系的基石。这是一种可以在进行有效沟通的同时又能与他人建立融洽关系的有效方式。当然，对于事先确定为"相互评价"的关系，它也会产生一种反作用力。你有没有认真地积极聆听，其最后产生的结果会有天壤之别。

步骤3　情感冲击

传达自己的感情

在事实的基础上加入"感情"要素的话，会让人觉得这与之前所讲的内容背道而驰。然而，在反馈过程中加入自己的感情作为说服材料的话，却是一种非常有效的方法。

通常情况下，我们不应该把感情带入到工作中。从作为一名社会人的角度上来讲，如果一五一十地把自己的感受和盘托出的话，很容易就让别人觉得自己不够专业。这其实完全不符合逻辑，有时还会妨碍工作进展。因为在前文中我们提到了观察力、事实基础、客观性等要素，所以可能会有人在听到要在事实的基础上加入"感情"要素时感到意外吧？

然而，反馈行为的第三个步骤的重点就是要向对方传达自己所产生的感情。下面，我来给大家举一个最近发生的事例。

用第一人称将自己的感情表达出来

最近，我在给某人提出反馈意见时指出："无论是在与客户洽谈时，还是在公司内部召开的问题解决会议中，你的发言总是十分冗长繁杂。"我是在切切实实经历过好多次这种情形并且认认真真听他讲过话才提出这样的反馈意见。在经历过两三次此类情况后，我终于在他结束与客户的洽谈之后便提出这个反馈意见。这是我特意挑选的一个最具影响力的反馈时机。

当然，那个人立刻为自己找出许多借口来做辩解，但是我并没有对他的托词充耳不闻，而是非常认真地倾听并抓住要点。有时，为了告诉对方我在认真听他说话，我会对他的辩解进行深入的挖掘和分析。

听他说完，我立刻对他说："其实对于你的这种行为，我感觉很厌烦。那真的有点儿烦人啊！"起初他愣了一下，但随后他便很快就回过神来，说："哦，真的吗？那我身上还有其他哪些问题呢？"

我告诉他，根据我的观察发现，客户也因为他的冗长发言而略感厌烦，一直绷着脸坐在那里。经过我的解释，他终于对此有了一定程度的认同。于是，我便进入了反馈行动的下一阶段。

事实上，你知道大多数人在听到别人提出反馈意见后都会忍不住说什么吗？那就是他们会就自己行为的频率和次数而追问"我总是这样做吗""我是最近这样做的吗"或者"我什么时候开始出现这种行为的"等之类的问题。当对方给出肯定答案之后，他就会说"我经常被大家提出这样的反馈意见"或者"2年前就有人给我提出过同样的反馈意见"等，之后便是解释他们为什么会做出这些行为举止。当然，也有一些人会保持沉默。那些习惯反馈行为的人根本不会为自己找任何辩白的借口，他们只会欣然地等待提出反馈意见的人继续说下去（这是非常优秀和适应性强的人所具备的一种倾向）。

干脆利落、不拖泥带水地将感情表达出来

在对方做了一通解释并准备放手一搏之前，我们要积极且诚实地表达出对该行动或行为的感受。这是非常关键且重要的。

例如，我们可以告诉对方，"实际上，这让我感觉很不舒服""你的发言太啰唆了""我对此很生气""它让我感觉很不舒

服""它让我反胃""它让我害怕""我对此感到很失望"或者"它让我大吃一惊"等。我们最好是要坦率地说自己的感受,因为一旦拐弯抹角,就无法让对方明白自己的真实心意,那样只会起到反效果。

想必大多数人读到这里的第一反应肯定是"啊"一声,然后露出吃惊的表情。但是如果大家能够熟练运用反馈环中的步骤1和步骤2的话,那么一定会觉得:"唉,算了吧!这也是无可奈何的事啊!"对方在听到我们表露感情之后,典型的应答便是"哦?是吗?",他们欲借此来应对我们带给他们的"伤害"。这种不可思议的回答其实是人类防卫本能的一种体现,所以我们选择无视就好。因为除非你是一个精神病患者,否则没有人会认为自己非常可爱而为所欲为地中伤别人或者通过给别人制造不快来满足自己的快乐。

当你给客户发送了意见反馈的邮件时,我一般不会说出"惊讶""害怕""忐忑不安"之类的话,但如果是上司的话,那便是真心话了。

"真糟糕啊!居然会犯那种错误!"如果只是单纯提醒对方注意别再犯同样错误的话,其冲击力显得微乎其微。但是,如果我们能够把这种感觉糟糕的心情传达给对方的话,对方就会更加深刻地感觉"很糟糕"。力图达到这样的效果不仅是意见提出者的职责,也是一个非常重要的反馈要素。

为什么传达感情是有效的?

对于同一个事物,没有人会主张自己的感受是正确的而批判他人的感觉是不可理喻的。究其原因,感觉是每个人的自由。当然，有人在听到这个理由时会不以为然地嘲笑起来，但这的确是事实。接下来，我要和大家分享一下传达感情的一些好处。

率直地传达感情

首先，我们要明白提出反馈意见的一方也只是一个"人"而已。"对方真的和自己是一样的吗？"——这是一个非常强有力的信息。从某种意义上讲，我们要向对方传达出这样一种信号——即便你是我的上司，但你首先也是一个"人"，我们之间进行的交流沟通是平等的。这一点是非常重要的。

曾经，我也给别人提出了一个充满感情的反馈意见。当时，我对年轻的后辈就个人卫生问题说了一句非常过分的话："你的体臭和口臭非常严重，这让我在开会的时候很难集中精力。如果这样去和客户洽谈，也会很恐怖吧！"这其实是我工作10年的过程中第一次遇到这种情况，当时我真的不知道该不该对他这样说。万一这些卫生问题不是由于个人习惯造成的，而是由于个人体质问题，该如何是好呢？

然而，我在明知失礼的情况下仍然赌了一把，向他提出了反馈意见。结果后来，他对我表示了满满的谢意。当然，我在积极聆听他的解释之后，才明白对方是由于工作异常繁忙，连洗澡的时间都没有。听完之后，我吓了一跳，立刻就和其他项目的负责人聊了聊这件事情的严重性。这样，我又得到了其他的收获。由此可见，学会坦率地表达感情是非常重要的。

缓解摩擦和矛盾

在日常工作中，我们总会遇到自己不喜欢或者不太合群的人。这时，如果你只是对他们说"和你一起工作真的让我很生气"之类的话,那就如同重重地给了对方一拳,结果双方都没有得到任何好处。自己的棱角太过明显,会让人觉得你是在挑衅或者准备与别人分道扬镳。另外,对方也会立刻反驳你说:"我到底做了什么才惹你如此生气呢?"

有时是我们生理上不接受对方,有时也或许是其他原因。总之,我们在工作中能够比较容易地找出具体的讨厌理由。原本就很少有人会把工作中与他人的关系当成私事来对待,更不会对此有所期待。

因此,每次当我们提出反馈意见的时候,都要结合事实,少量地传达出自己的感情。这样一来,就能把我们讨厌的事情分作几个零散的部分,进而起到缓和摩擦和矛盾的效果。例如,我们准备对团队里的小Y提出如下反馈意见:

(1)他对别人的请求回复得很慢。

(2)别人拜托他的时候,必须一件一件地说服他,否则就不会采取任何行动。

(3)他的应答总是含糊其词。

如果我们一下子就把这三条反馈意见丢给小Y的话,那么大概只会让别人觉得我们对小Y抱有烦躁之感和厌恶之情。

此时,我们可以尝试分开讨论这三个问题。比如,在提到第一个问题的时候,我们可以表达出自己的不安和担心;在讨论第二个问题的时候,我们可以告诉对方自己觉得他的这种行为很烦琐;在讨论第三个问题的时候,我们可以告诉他这种行为会让对方急躁窝火。这样,我们可以通过细致地传达感情来缓和抽象度,也就可以理解和整理你对对方的复杂感受了。

在工作中，我们今后还会和对方有很多的接触，所以我们应该学会灵活地利用意见反馈的方式来传达你的感受，避免造成不良情绪的过度累积。

提高影响力

工作是一件非常严肃的事情。在这样的环境中，人会非常容易陷入"思考、执行"这样的机械性思考之中。但是，我们应当牢记的要素却是"思考、感受、执行"。毕竟我们不是机器人，所以即便对方把自己的逻辑强行施加在我们身上，我们也不一定会按照对方所期待的那样展开行动。

从感觉上来讲，我觉得事实和逻辑发挥到最大作用时（已经让对方完全折服而不能否定丝毫）所带来的冲击力也只有80%左右。如果我们想要取得更大的效果，就必须向对方传达感情。这就是填补剩下的20%缺陷的方法。

在反馈活动中，如果我们能够做到这一点，便意味着我们终于可以继续进行下一步——"提出行动建议"了。反过来说，如果你已经做到这一步，而对方却没有领会，那我们也无需有任何遗憾了。

明白对方的真实想法

我们工作的环境其实是一个专业化的世界，因此我们很难断定他人的真实想法。但是，我们能够通过传达感情和观察对方的反应来探明对方的真实心意——例如，这个人是故意的吗？他是心怀恶意故意让我不开心才这样做的吗？或许单纯只是因为他的行为或行动没有达到应有的效果呢？

实际上，越是工作能力强的人，越容易对工作能力差的人抱有怀疑的态度，甚至有恶意对待的倾向。在这种情况下，反馈大师们也会巧妙地把自己的感情融入其中，说一些诸如"奇怪啊，为什么没有按照约定好的分类法来整理备忘录呢"之类的话。

此时便出现了三种不同的反应：他们只是单纯忘记了；他们不知道要这么做；他们是按照自己的想法去做的。而这些信息是你可以从他们的面部表情中读出来的，所以如果下次有机会，请大家一定要尝试观察对方的表情。

最后，我想告诉大家一件非常重要的事情，那就是传达感情并不等于暴露感情，也并不意味着要冲着对方大喊大叫。我们要做的是平静淡然地谈论自己的感情，而诀窍就是要直截了当地说出自己的感受。

想必大家在刚开始的时候会对这种形式感到不习惯或者困惑吧？虽然我也不是很擅长，但还是用表4这样的固定句式进行了练习。你可以使用在反馈训练中学到的"……的行动或行为让我产生……的感情"这样的句式来表达。

表4　冷静地传达信息

固定句式（中文）	固定句式（英语）
我对你如下的行动（行动一、行动二）……进行了观察	"I observed that you behaved（fact 1）（fact 2）..."
……的行动让我产生了如下感觉……	"... gave me ...（a certain type of feeling）"
如果我是你的话，我会这样去做……	"If I were you, I would..."
结论就是请你从明天开始采取诸如……这类的新行动吧！	"Therefore, from tomorrow we can ...（take a certain action）"

幸运的是，在我所处的环境中，由于反馈文化较为先进，所以这种形式比较容易被人接受。

但是，我在语言的选择上还是非常慎重的。另外，我还运用了多种模拟方法，并形成了自己的风格。这样即使我处于相反的立场，也能理解对方所说的内容。

专栏

冰山理论
——感情驱使行动

在我们日常的工作和生活中，自己的言行举止其实只是自我表现的极小部分，是冰山一角。在意见反馈的过程中，感情之所以能够发挥关键性作用就是因为它是我们肉眼可见部分的重要组成因素。

例如，你今天在会议上说出的话、想说而没说的话以及让你生气的事情，都可以被认为是你自身具备的多个要素叠加而形成的结果。

当然，人们并不会把自己一切都暴露给周围的人。甚至可以说每个人都是以自己都不太清楚的欲求、愿望、信念等作为基础而形成独立个体的。

即使我们提出一些反馈意见，对方也不愿意听，甚至会做出一些出乎意料的过度反应。此时我们可以判断其原因可能就隐藏在这个人的心理断层的更深处。

我们通常称之为"冰山理论（思考）"。因此，我建议大家在进行反馈活动的时候，最好将其铭记在心。接下来，我将按照图3的顺序进行详细解释说明。

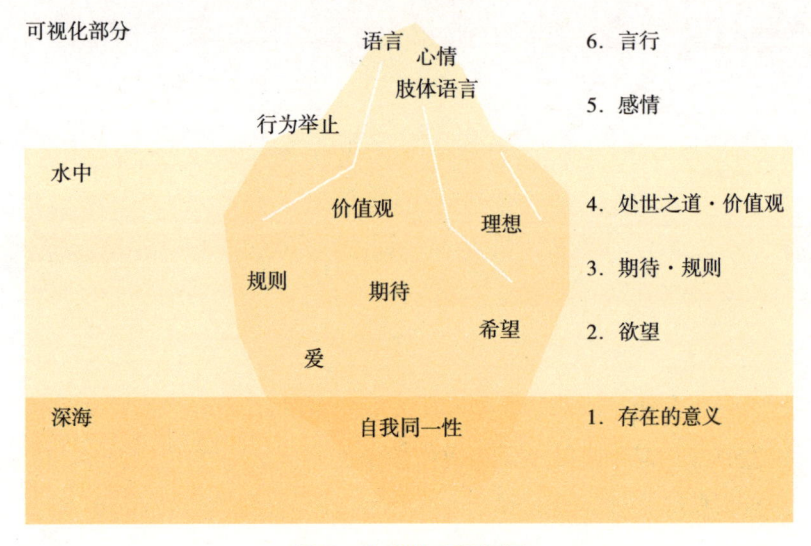

可视化部分		
	语言　心情 　　肢体语言	6. 言行
	行为举止	5. 感情
水中	价值观　理想	4. 处世之道・价值观
	规则　期待	3. 期待・规则
	希望	2. 欲望
	爱	
深海	自我同一性	1. 存在的意义

图3　人类的心理断层

1. 其实，人们首先都会从<u>自身存在的意义</u>来思考整个世界。其中包括了生与死、自己存在于这个地球之上的理由、各种物种起源论和进化论等。当然，我们并不是每天都在思考这种深层次的问题，但这对于我们的生活而言的确是不可动摇的根基。比如，我就始终坚信，在这浩瀚的宇宙中，在这近乎永恒的时间流逝中，人类是渺小的。同时，我也始终认为，人类就像尘埃和蚂蚁一般渺小且易逝，而从这个角度来讲，总统和乞丐都是一样的。这就是我所认可的生物的意义。

2. 接下来，生命的核心——欲望和渴望在此基础上逐渐形成。之后，关于执着、爱、希望和自由的基本定义也就由此逐渐衍生而出。对你而言，爱是什么？希望是什么？自由是什么？这些概念的定义与自身的存在意义是息息相关的。

3. 从下往上数第三层中出现的定义主要表明的是我们对自我的期待和对他人的（单方面的）期待。简单地说，它们就是规则。"无论什么事都能做成""每个人都应该享有平等的机会"等这些对人生来说很重要的生活规则也就由此形成。

4. 但仅仅如此的话，我们就会陷入孤立的世界之中而无法与他人和谐共存，所以这就需要我们对现实世界以及我们所观察到的处世之道（认知）进行校准（视线校准）。这种校准方式可以使你的价值观和思维方式尽可能地适应那个时代和环境。说句题外话，公司之所以尊重价值观，或许是因为他们想在更深的层次之上与你达成共识。

5. 在这个基础上，我们会产生各种各样的感情。这是一件看似我们可以控制但却无法控制的事情。这些感情本身并没有好坏之分，他们只是自己对现实世界的独特反应。比如，假设你是一个充满正义感的人，那么你就会对各种不公正或不平等的事情感到焦虑和愤怒。究其原因，是因为在背后默默地支撑着这种正义感的正是你个人的价值观、期待、欲望、存在的意义等要素。

6. 最后是可视化的部分，即呈现在表面的要素。具体来讲，指的是语言和行为举止。

步骤4 行动建议

督促对方展开行动

在我们向对方表明自己的感受之后，接下来请大家暂时忘却自己的这种感受。之后，就可以干净利落地进入步骤4了。在这一步骤中，我们不能感情用事地提出一些情绪化的意见和建议，而应该将论点转移到今后可以采取的"行动"之上。

说句题外话，其实一个优秀的经营者和普通的经营者之间的区别，就在于他们会不会被各种情绪牵着鼻子走。这并非因为他们毫无感情，而是他们能够迅速地遏制自己的情绪，保证既能"进得去"又能"出得来"。在我们直截了当地传达感情之后，就必须马上提出反馈意见，不可一拖再拖。

而且，在提出行动建议的时候，我们需要记住如下几个关键点，接下来就让我们对这些关键点进行逐一分析！

从对方能够迅速做出改变的事情开始讲起

我们继续沿用前面的例子。如果对方是一个啰里啰唆、说起话来繁杂冗长的人，那么他该从什么地方开始着手进行改变呢？如果我们只是单纯直接给出一句"长话短说"的反馈意见，那么他们是很难立刻改正这一问题的。然而，由于我们是实打实地在听他们讲话，所以很容易就判断出究竟是哪一部分的内容使得整个讲话显得啰唆冗长。此时，我们首先就要快速地指出这个问题来。例如，我可能会向对方提出如下问题。

"如果用30秒的时间来总结刚刚在会议上学到的东西，你会如何向经理传达呢？"

"如果能用一句话来概括现状的话，你会如何总结？"

"在你所知范围内,请构建一个简明的故事或逻辑来解决当前的这个问题。"

接下来,我用一个他对这些问题的回答作为例子给大家进行分析解释。

"好吧。从现有的信息推测,我当然不可能在三四天内理解所有的问题,但从我能理解的范围来讲,并且要满足与××(提问者)的思维模式相匹配这个前提的话,我的回答就是……"

这名员工的回答之所以繁杂冗长,是因为:

★ 话语中包含了"前提""开场白"和"臆测"等大量无关语句
★ 他"害怕出错""对被否定充满恐惧"
★ 没有明确表态而偏离重点
★ 没有直截了当地回答对方提出的问题

在这几个存在的问题之中,最让我恼火的是"开场白"。因为这一点可以立即纠正,所以我要求他在下一次洽谈的时候进行改正。而剩下的问题是要逐一解决的,但是我们不能一口气把所有的分支部分和盘托出。这是我们要掌握的技巧之一。如果你毫无保留地全部告诉对方的话,他们可能不会对其进行先急后缓的优先排序,当然也就不会有太好的效果。

提出并牢牢把握对对方的期望值

对方应该怎么说话才算合格呢?应该采取什么样的行动才算对的呢?应该改善到什么程度才能解决问题呢?针对这些问题,

提出反馈意见的人不同，给出的答案也就不同。因此，对于双方而言，首先要掌握期待值是非常重要的。

我认为设定阶段性目标会取得较好的效果，比如我们可以对他们提出"如果能够做到这一步就好了。当然，如果还能再进一步的话就更好了"之类的期望。那么具体来说该如何做呢？

首先，我告诉上一个事例中的主人公："你要给听众营造出一种舒适和轻松的感觉。如果能让听众感觉轻松并保持愉快，那就太棒了！"之后，我建议他把讲话的时间缩短至现在时长的1/3左右。

重要的是，我们不能把期待值当作一种评价指标。就像我在本书第一章开头部分所说的那样，如果我们只关注评价的话，是无法促进对方成长的。

我们的最终目标是要把他们培养成为更加优秀的专业人士。为你指明前进的方向，并对你提出期望和建议——这就是反馈的作用所在。

如果对方达到期待值，我们要立即给予褒奖以期强化效果

反馈活动的步骤4中最重要的是，每当对方听从我们的建议付诸实践且出现改善势头的时候，我们要及时给予表扬。如果表扬的内容比较具体和丰富，效果会更好。

前几天，当上一个事例中的主人公改正自身缺点之后，他的上级领导立刻春光满面地对他说："很好！你学得非常快！按照这个速度，你很快就会成为专业人士啦！"这位上司已经深刻理解了反馈的本质，这一点令我十分佩服。

成功体验往往比失败体验更容易让人理解。因为我们在提出

反馈意见的时候，总是给对方设定了一个失败的形象，所以有必要消除这种印象。首先我们要表扬他们说："上次没能做到的事情这次就做到了！"然后让对方回想起自己做得好的地方并反复进行肯定，以此来切实强化薄弱的部分。

当然，在这个案例之中，关键是要从根本上改变他"害怕出错"和"对被否定充满恐惧"的心理，因为这是导致他会发表长篇大论的根本原因。

如果对方未能达到所提期待值，我们就要寻找原因

现实中，我们并不像例子所示的那样通过一朝一夕的努力就能实现转变。我们可能经常会反复犯同样错误，要想彻底解决这个问题就要做好打持久战的准备。这种情况下，就必须深入挖掘导致这种现象出现的原因。

我们可以把这称作根源性原因分析。这是解决问题的方法之一，但同时也是提出反馈条件的必要条件。因为意见反馈的目的就是为了解决某个人、某种行为或行动中存在的问题。

在进行根源性原因分析的时候，我们通常会使用"5问法（5Why分析法）"。我们不要纠结于为什么错误没有得到改正，而应该关注该行为为什么会出现。

例如，某人会发表长篇大论的根本原因在于大脑整理信息的能力较差，但具体到上一个事例中的主人公身上时，则主要是因为害怕犯错而已。那么，为什么他会对犯错感到恐惧？为什么他会为自己辩护？他在什么样的情况下会陷入这样的困境之中呢？这些是我们要解决的问题。我们在完成根源性原因分析之后，就立刻给对方提出反馈意见说："你可以在一定程度上缩短你的讲

话时间，这是没有任何风险的。就算你说错了，我们也会一直陪你持续跟进的。"

只要掌握了上述要点，大体上就可以一语中的地提出行动建议。如果当事人的行为没有立即得到改善，那就需要进一步观察和解决问题，但如果你在步骤3之前已经取得了良好的进展，那么你迟早会看到积极的变化出现。

含糊其词的日式意见反馈
是文化的差异还是语言的差异？

某个周末的清晨，我与一家日本大型银行的全球人力资源总监见了面。他是一位非常注重学习意见反馈的人。于是，我们最先讨论了日本人总是对意见反馈持犹豫态度的问题，尤其他们在提出反馈意见的时候一直采取模糊不清的表达方式。这是一个非常不好的习惯。因此，我便问他："这是一种委婉表达的说话方式吗？还是单纯只是表达不清楚呢？"他回答说："总体来讲，很有可能是因为他们无法明确地表达出来。"

出于工作性质的原因，我有很多机会同时听到人们在说英语或日语。有人认为英语圈的表达方式比较直接，所以用英语提出反馈意见更为容易。而在日本文化中，我们倾向于用迂回委婉的表达方式来交流。这样一来，即便对方请我们毫无顾忌地提出反馈意见，我们仍然很难直接说出口。

然而，我们在进行意见反馈活动时，重要的是要记住根本不存在直接反馈或间接反馈的问题。我认为存在的只是"难懂"和"易懂"的差别。

在这个反馈环中需要明确的是，当反馈行为进入提出行为建议这一最终阶段的时候，该意见已经变得相当容易理解了。到此为止，你已经进行了仔细观察，收集了事实信息，倾听了对方的解释，整理了感情上的影响，那么如果你不能在提出行为建议的阶段大大方方地传达自己的意见，那就太可惜了。

什么是易懂信息？

目前在许多组织团体当中，"多元性和包容性"成了大家经常讨论的热门话题。但是当我们去观察高级管理职位的候选人或者在高级管理会议上环顾四周时，就会发现日本职场中的男尊女卑倾向还是异常根深蒂固。

如果公司的首席执行官兼高级管理人员（高管）对你说：

（1）"让我们共同打造一个无国界的公司吧！"

（2）"让我们共同打造一个没有性别、文化、种族或宗教差异的公司吧！"

你会怎么想呢？你觉得这两种表达方式哪个更容易理解呢？

简单易懂的含义就是容易让人理解，但更准确地来说，那就是不给传达的信息留有任何其他解释的余地。在提出反馈意见的时候，措辞也非常重要。通过语言上的细微差别来实现差异化反馈，这是工作达人的共通之处。

同时，防止反馈意见被稀释淡化也非常重要。在现实情况中，很多人在提出反馈意见的时候会不知不觉说很多话。人们总是倾向于用夸张的方式描述简单的反馈意见。究其原因，或许是因为人们并不想在对方心里留下尖酸刻薄的恶人形象，也或许是因为反馈的内容过于残酷而不得不努力让它听起来顺耳一些。尽管如此，我仍然要告诉大家在提出行为建议的时候切忌添加多余的语言。下面我为大家准备了表5供参考。

表 5　难懂或易懂的反馈意见

难懂的反馈意见	易懂的反馈意见
员工 B 平时的说话方式还好，但是一到演示时就有点儿紧张，讲起话来繁杂冗长	做报告时要简明扼要
小 B，不好意思。如果你在归档的时候能够确定一个排序规则的话，也许会更方便大家查阅吧？	请重新将编号标注为 A、B、C 或 01、02、03 等
小 B，我在给你提出反馈意见的时候并非完全不明白你所做的解释，但有时候我无法确定其真实性	小 B，请你在听取反馈意见的时候不要找任何理由为自己辩解

把握好反馈意见的分寸

探明对方立场的三个问题

反馈意见其实是一种给予。对方在听到你提出的反馈意见后应该会非常高兴。至少我认为这是别人送给我的礼物。当然对这种说法表示深切赞同的人要么是意见反馈达人，要么是自我成长欲望高涨的人，再或者是内心非常强大的人。

剩下其他的人一般都会说："我不需要任何反馈意见。"因此，我们在进行反馈的时候，把握好反馈意见的分寸就显得尤为重要。例如，面对非常不喜欢反馈意见的人时，我们应该努力将分寸控制在必要的最低限度。如果我们不这样做，很可能会成为多管闲事的人。

特别是根据我的经验，每个人对负面反馈意见的容忍度都是完全不同的。很多人喜欢正面的表扬，却无法接受负面的批评意见。为此，我们可以通过3个问题来探明对方立场。

（1）对方渴望别人提出反馈意见吗？

（2）我要把多少自己知道的事情说给对方听比较好呢？

（3）对方的容忍上限是何种程度呢？

在某些情况下，应当将分寸控制在必要的最低限度

去年，我曾和一个非常讨厌意见反馈的人一起工作。在我给他提出反馈意见之后，他会收集很多例子来对我进行反驳。他始终主张"我是与众不同的"，最后甚至试图要纠正我的"错误"。

而真实情况却十之八九是那个人没有听进去或者自以为是而不断犯错误，对此，我有时也会觉得他很可怜。但即便如此，他依然还是会用傲慢的态度和措辞来对待我。对于这样的人，我到底该怎么办呢？而且从职务上来看，他是上司而我却是下属。

在烦恼良久之后，我终于决定把意见反馈的分寸控制在必要的最低限度。无论对方如何不尊重也不相信自己，我仍然会给他提出相关的反馈意见。那些难听的话就让它像一阵风一样"左耳朵进，右耳朵出"吧！

在大概4个月后，这个项目得到了包括客户在内的其他人的高度评价，他的态度也开始逐渐好转，但直到最后也没有出现明显改善。

当然，该项目的工作流程和质量这两方面都存在问题。但我最终还是仅就与客户沟通相关的话题提出了反馈意见（因为这是最重要的），而针对其他方面的问题也就三缄其口了。

虽然我们的关系有所好转，取得的项目成果也无可挑剔，但

是他却错失了个人成长的机会。反复如此，便造成了今天这种局面的发生。对此，我感到些许遗憾。但是，如果我继续以最初的状态持续提出反馈意见的话，显然会对工作产生阻碍作用。

我们根据对方的情况，通过上文的三个问题来探明对方立场，必要时要将意见反馈的分寸控制在最低限度。这样，我们才不会造成令自己懊悔的局面出现。

不要把反馈意见一股脑儿地和盘托出，要组织整理好之后再提出

在反馈活动中，真正重要的是你要选择并断定向对方反馈哪些意见，以及该如何传达它们。

越是有丰富经验的人，越能判断出哪些反馈意见会促进对方成长发展或强化优势。但如果我们一股脑儿地对这些意见进行"数据转储"，那么对方一定会感到困惑。因此，决策、选择和战略就成了一门艺术。因此，我要在这里告诉大家一个好方法。

首先，我们要在工作成效评估方面设定一个可接受的"及格线"，并通过业务交流的方式就这一点向对方进行简单的解释说明。

接下来，我们要向对方说明自己的期待值。我们必须告诉对方超过"及格线"多少便算作"优秀"，超过"优秀"多少便算作"最优秀"。

把这些内容向对方解释清楚之后，你就可以反问他们："你想达到何种程度呢？你想取得什么样的工作成果呢？"而不是强硬地命令他们说："你必须达到……程度！"

我们把这三个阶段分类告知对方之后，接下来就可以根据设定的目标来准备反馈意见了。话虽如此，意见反馈终究是一门艺术，所以当你觉得自己的反馈意见并没有深刻地触及对方内心深处时，明智的做法就是相信自己的直觉并停止意见反馈行为。事实上，停止意见反馈有时反而是一件好事。

当然，主体不同，情况也就千差万别。比如在日本，比起眼下的工作表现，人们更倾向于对将来的工作表现提出反馈意见。

然而，我们在提出反馈意见时要在工作现状和工作期望这两者之间划出一条明确的界限。比如，我们应该明确地告诉对方自己的反馈意见究竟是针对当前工作提出的期望和要求，还是针对将来工作提出的期望和要求。换句话说，我们必须让对方简单清楚地明白他所面临的紧迫事项是什么。在适当的时机给予适当的支持，这是意见反馈的妙趣所在，也是意见反馈的应有姿态。

专栏

成长进步的三大模式

作为提出反馈意见的一方，如果不能马上看到立竿见影的效果，可能就会觉得非常不可思议。因此，虽然只是作为参考，但我还是建议大家认真思考并了解对方的发展进步模式。

第一种模式是"循序渐进式"。大量的意见反馈潜移默化地渗透到其日常活动之中，在反复出错、反复提出相同反馈意见的过程中推进改善，直至进入新的发展阶段。处于这种模式下的人，其发展成长通常与组织晋升和职位变动制度有关。他们会利用晋升的契机来达到促进自身成长发展的目的。之后便迎来了平坦的积累（蓄电）期。但即便如此，我仍然认为这是一种稳定增长的模式，而且常见于普通公司中的综合型人才之中。

第二种模式是"终极线性式"。处于这种模式下的人，在接收反馈意见的一方中占极少一部分，他们可以立刻领会并吸收反馈意见的精髓。作为提出反馈意见的一方，在提出反馈意见之后能够顺利地看到对方进步，便会觉得自己的付出是有意义的。每次遇到问题时，我们只需给他们提出一次反馈意见即可，之后便可以直接跳转到下一个课题了。之前，我的团队中就有一名新晋咨询师属于这种成长模式。他在刚刚加入我的团队不久之后，便不但可以瞬间消化吸收所有的反馈意见，而且还积极地从各个方面获取意见建议。例如，当他想重新开始建立一个数据库的时候，仅靠我个人的反馈意见还远远不够，于是他便直接联系了相关专家获得更加专业的反馈意见。果不其然，在我几年后见到他的时候，他的职位和级别已经明显高于同期的其他人了。

第三种成长模式是"依赖对方式"。作为提出反馈意见的一方必须承担一定风险。属于这一成长模式的人大多对反馈意见呈现出抵触或防御姿态。但如果我们能够耐心隐忍，锲而不舍地提出反馈意见的话，他们就会慢慢地掌握工作诀窍，进而产生自信心并快速地成长起来。但如果我们做不到步步紧逼的话，他们也就碌碌无为地终其一生罢了。正是在面对这些人时，我们才体会到深入地掌握反馈技巧是一件多么有用的事情。虽然这些一意孤行的人取得卓越的工作业绩实属罕见，但也绝非闻所未闻。我个人认为正是在这个时候便出现了成长曲线，见图4。

```
成长              成长              成长


     时间              时间              时间
   循序渐进式          终极线性式          依赖对方式
```

图4　成长进步的三大模式

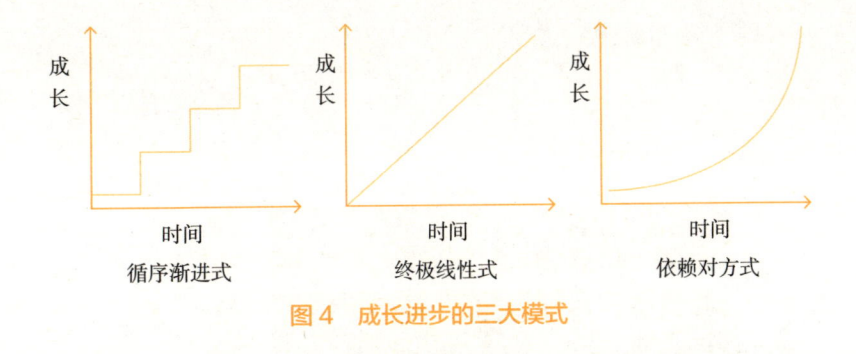

综上，我们可以深刻地体会到，了解自己面对的反馈对象属于哪种成长模式对于设定期待值而言也是非常重要的。

小结　反馈环

谈到这里，我们简单地做一下回顾。我们使用所谓的"反馈环"究竟要达到怎样的目标呢？

其实，我们是系统地通过意见反馈来使对方能够改善自我，进而变得更优秀。

因为提出反馈意见的人始终坚信自己的反馈对象一定可以改变自我，所以他们才愿意会付出时间和精力。毕竟，没有什么是比改变一个人更费力的了。

那么，我们该如何利用有限的机会来使反馈意见的质量和影响力达到最优状态呢？

仅仅把反馈意见传达给对方是远远不够的。我们希望对方能够按照反馈意见采取行动并取得一些能够彰显反馈意见效果的佳绩。

"反馈环"的本质就是尽可能地提高反馈意见的影响力和效果。

请大家参看图5。

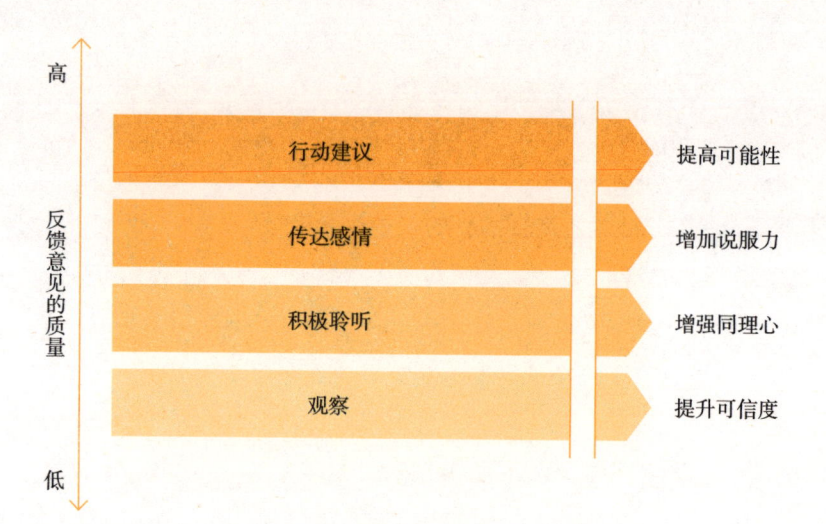

反馈意见的质量		
高	行动建议	提高可能性
	传达感情	增加说服力
	积极聆听	增强同理心
低	观察	提升可信度

图5 提高反馈意见质量的四个步骤

第三章

提质增量的"团队学习"

> 樱木花道："喂！老爹！我们逆袭啦！"
>
> 安西："那当然啦！樱木君的篮板球提高了球队的士气。宫城君的速度和灵敏度不容小觑！三井君最开始迷惑了对方，哈哈哈……但他很快便使出了看家本领——三分球攻略。而流川君的爆发力和必胜的信念也令人惊叹啊！"
>
> ——漫画《灌篮高手·对战山王工业队》

何为"团队学习"?

有一天,当我来到办公室发现有个人在白板上写了"团队学习"几个大字,并且在日历上表明该活动要进行两个小时左右。当时我心想,眼下明明是项目的关键时期,真的有必要进行团队学习吗?当时的经理是一位说话办事非常精练利落的德国人,他经常翻阅记事本查看待办事项清单,而且十分珍惜时间。

"啊?这个议题怎么听起来感觉很虚浮啊!"我一边这么想着,一边走进小组办公室并坐下来。等所有人员都到齐后,经理站起来开始流畅地写起来。这是我第一次体验"事前反馈"。

"事前反馈"可以加快团队成长速度

"团队学习"的讨论重点是一个人如何有效地完成他们的工作以及该项目如何取得成功。从一开始,大家就趁早共同探讨需要彼此需要改善的地方以及项目的发展方向,以期实现加速成长的目的。

你可能会想,为什么叫"事情反馈"呢?我第一次参加的时候也有点儿紧张,但我渴望提前了解自己的弱点和关注的领域,并从别人那里获得一些明朗的信息、征兆和处理方法。

越是自我意识过剩的人越不喜欢这个练习,因为他们最讨厌的就是承认自己的缺点。

然而,团队学习的目的不是让大家抓住对方的弱点不放。相反,这是为了给彼此提供建议,让所有人都能从大局出发,更好地作为一个团队去工作。

团队学习有助于团队成员彼此之间建立更加紧密、更加浓厚的关系。在足球、橄榄球、篮球等运动中，大家都将重点放在整体的团结协作之上，但在公司中此类机制却异常缺乏。实际上，团队学习对于团队建设（提高团队的积极性）也起到了积极作用。

在反复进行团队学习的过程中，我们每个人的薄弱环节会暴露无遗，而这也将使我们重新认识那些令自己苦恼已久的问题。通过再认识，人会产生自觉心理，而只有做到这一点，我们才能实现快速成长。

换句话说，团队学习的主要优势在于领导者和团队成员可以事先分享一些最有助于工作开展的反馈意见（重申过去），并在眼下充分地利用这些意见（每个人都参与），最后要将其与未来关联起来（重复这项活动）。

简而言之，我们要努力做到在实际项目展开后的意见反馈活动中，50%以上的项目已经被大家讨论且理解。这样我们就可以讨论更复杂和难以解决的问题了。

团队整体齐心协力进行反馈活动

反馈通常是以一对一的形式来进行的，而团队学习则需要以团队整体形式来进行。当然，有的团队或许只有两个人，但有的团体会有五六个人或者更多。

因为在团队学习中要求所有成员都要对彼此提出反馈意见，所以团队学习中的意见数量多且质量好——这就是团队学习和一对一反馈的主要区别。

这对成员来讲是一个很好的学习方式，因为他们不仅可以从领导者那里学到经验，还可以从相同职级的同事那里得到建议。

比如，在你领导的团队中，除了你之外还有其他六个成员。如图6所示，这是一个由不同职位的高级领导和初级员工组成的团队。

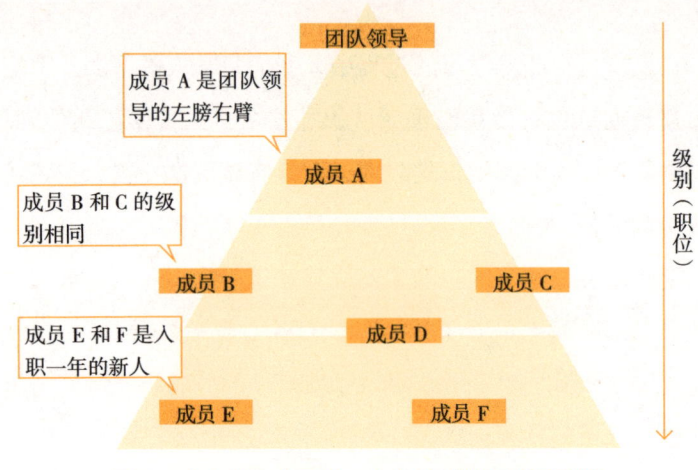

```
                    团队领导
        成员 A 是团队领
        导的左膀右臂
                    成员 A

    成员 B 和 C 的级
    别相同
              成员 B        成员 C

    成员 E 和 F 是入
    职一年的新人
                    成员 D

              成员 E        成员 F
```

图6　全方位、多层次、立体化地进行意见反馈

此时，大家在团队学习所谋求的不仅仅是团队领导（你）所提出的反馈意见，而是要建立一个大家都灵活地提出和接受反馈意见的机制。通过团队学习的形式，意见反馈得以从不同角度出发交叉进行。

这种大量和多样的意见反馈会使得团队中的每个人都能够迅速成长。因此，这一过程中存在许许多多的交叉关系也就不足为奇了。虽然为方便起见，我对该图进行了简化，但作为年轻成员的D、E和F的确也可以从领导那里得到许多反馈意见。

最适合繁忙领导的反馈机制

当然，对于忙碌的领导而言，团队学习是一个事半功倍的方法。只要建立了团队学习的反馈机制，即使领导不一一参与其中，成员之间也会自发地进行意见反馈。例如，成员B和C、成员D和F等可以在相互直接交流的过程中加速学习。

团队学习的效果不止于此。假设成员C是一名与你有分歧的下属，但有时成员B也会积极地反馈给他。此时你只需要用余光看着、倾听并点头就可以了。

在进行团队学习的过程中，我们往往会发现，类似的反馈意见会集中在某个特定的人物身上。当然，事实和观察到的状况并非一成不变，但人类的想法和关注点是相似的。

通过用增加反馈的类型和数量来弥补单纯依靠直觉的不足之处，我们就能够更加准确且快速地把自己的想法传递给对方。

能够在轻松的氛围中听到大家的心声

说实话，在你不喜欢或者难以应付的成员中也有很多优秀的人。除此之外，也有不少人认为自己颇具才干，渴望尽快得到认可，并希望领导能够具体地理解并尽快提供助其成长的机会。

因此，我建议各位在早期阶段便进行团队学习，这样可以大致把握每个成员对于这项工作的态度和评价。与一对一的面谈不同，团队学习是在非常轻松的氛围中进行的，因此每个人都很容易说出自己的心里话。

如果傲慢的下属看不上某个项目，觉得是领导硬把如此简单的任务塞给自己的话，那么进行团队学习时他的这种想法一定会浮现出来。相反，当下属担心自己是否能够应付如此艰巨的工作量时，即使他们不直接说出，也会以迂回的方式委婉地就工作量和范围提出意见。而团队领导将在听取这些意见的同时，与团队成员一起为下一阶段的成长发展制定措施。

当然，成员之间的互助也会变得活跃起来。例如，当某成员提出了要解决自己说话快且不能简洁表达的发展需求时，其他成员就会说自己也在因为同样的问题而烦恼。

这样一来，即使领导不再每次都提出反馈意见，这两个人也会受到其他成员的监督或提醒，甚至更多时候双方会约定互相提出反馈意见。

找出适合每个人的最佳学习方式

尤其重要的是，我们要想在确定的项目范围内尽可能实现"理想化学习"，就必须要得到大家的关注和倾听。

例如，你可以在团队学习中预先果断地说出自己的特性，比如"当我被表扬的时候，我会发展进步得更好。当我被批评或训斥的时候，就会变得沮丧"等。这样一来，领导就能更清楚地了解如何对待该员工以及该如何培养他了。

但是，我要提醒大家的是，请不要误以为这是领导对员工任性的容忍或宠溺。归根结底这只是了解成员特点的一种方式，反过来也可以利用这种方式让他们具备忠诚和责任感等品质。只有这样，团队学习才能成为一种可以让员工们用自己想要的方式来学习，并以此来培养自主性、提高积极性的机会。

另外，我们还可以在项目中确立明确的职责分工和所有权。这也能够使得大家结合自己的发展方向进行改变和调整，或者在短时间内实现快速成长发展。例如，假设你领导的团队中有一位从未做过财务分析的成员，或者他曾在以前的项目中做过财务分析，但参与度不高，在这种情况下，你就可以将其作为一个团队学习的发展计划，尝试把一些比较容易的任务分配给他。

大多数人不会因为过去的一两次的反馈意见就变得很好。因此，他们需要不断地创造机会，能够积极地去发展自己需要发展的地方，改善需要改善的地方。如果你的公司非常重视绩效的组织，那就应该在绩效评估的时候将这些要素纳入考核范围之内。从这个意义上来说，我认为团队学习是一种具有划时代意义的方法。

由此，思考如何增强项、补短板不再单纯只是领导的责任，而是大家同心同德、众志成城地描绘公司美好的未来！

如何进行团队学习？

时机的选择

我们看一下团队学习实际是如何运作的。首先，团队学习的关键在于时机。

当然，当一个团队或一项工作刚刚开始运作的时候，成员之间相互了解得还不够充分，也不能完全把握工作的业务范围和复杂性。

但如果各成员相处已经超过一个月的话，最初的洞察力和新鲜感就会消失，团队学习的效果也会减弱。

因此，最重要的是我们要挑选一个成员之间能够相互反馈较多意见、印象鲜明且容易用语言表达的时机进行团队学习。从我的经验上来讲，最好的时机是第二周的星期五或者第三周的星期一。

在这个时间节点上，虽然大家对对方的情况和工作都有了大致了解，但要得出最终结论还为时过早。如若在此时进行团队学习的话，会取得立竿见影的效果。换句话说，此时就是一个看似了解对方全貌，实则还未全然了解的时间点。

除了第一天的简单自我介绍之外，我建议大家也要在我建议的时间段内进行团队学习活动。

进行事前反馈的四个步骤

在进行团队学习的时候，我会选择一个无人打扰的时间段，抽出2~3个小时集中精力来进行学习。

一般情况下，我们大致按照以下四个步骤来进行。见图7。

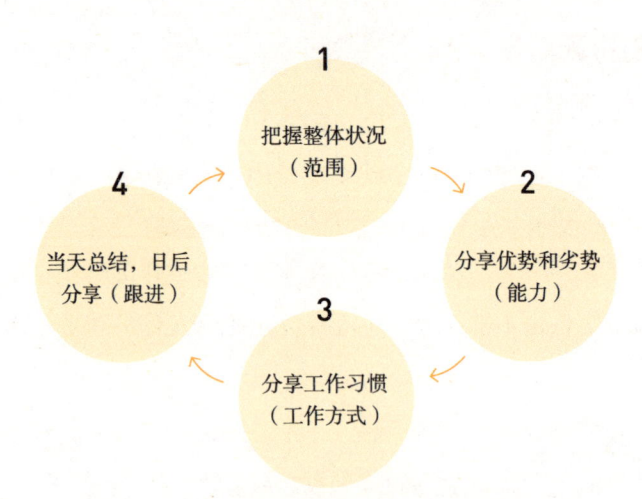

1. 把握整体状况（范围）
2. 分享优势和劣势（能力）
3. 分享工作习惯（工作方式）
4. 当天总结，日后分享（跟进）

图7 进行事前反馈的四个步骤

接下来，我们按照上述顺序逐一进行分析。

步骤1　把握整体状况（范围）

用于提高工作效率的置身事外法

过去，我曾经认为提升工作成效就意味着必须勇往直前，不完成任务誓不罢休。在我看来，不断提升工作效率，一往无前地朝着目标前进，谋求行动的最优化——这似乎就是工作成功的标志。

然而，在提高工作成效方面，"暂停"也发挥着更为重要的作用。在咨询界中，我们将其称为"置身事外法"。后来我才深深意识到，要在置身事外总揽全局和置身事内聚焦细节的过程中提高效率，两者交替进行才能真正带动生产力发展。

我坚信团队学习是可以将成员们的工作、想法和价值观统一起来的有效方法。通常，一个项目开始后就会进入运行状态，所以我们不会有机会在某个悠闲的场合中以正式的方式与大家进行交谈。因为那个时候的我们要么是在公司里兢兢业业地埋头工作，要么就是在小酒馆里痛饮几杯（边发牢骚边喝酒）来缓解工作压力。

但是，这中间需要有一个接点（中点）。共同探讨和共享正在进行的项目内容，提高团队意识，确认自己的目标是否与领导者为整个团队设定的方向一致——这些都是非常有效的办法。

整个团队是否朝着同一方向努力，导致的最终结果会有天壤之别。在这种情况下，我们首先需要确定工作范围。以下是一些指导方针：

（1）我们要解决的问题是什么？（我们要实现的目标是什么？）

（2）需要参与这项工作的人员、资源和时间是否得到了有效利用？

（3）是否存在较大障碍或壁垒？（我们该如何克服它们？）

（4）团队成功的关键成功因素是什么？

简单说来，就是我们共同探讨整个团队应该做什么，应该放弃什么，直至所有团队成员达成一致意见。这样一来，我们就共同拥有一个全面的指导方针，也就不必每次在工作碰壁的时候不安地思考自己为什么要做这项工作（任务层面），进而也就不会浪费时间来胡思乱想了。一个能够很好地利用团队学习的小组肯定会减少错误，也能够做到预知预防。

提前准备好提纲

在实际操作的时候，首先团队成员要围绕桌子坐下。此时，一位代表站起来向大家展示事先准备好的介绍材料。这些材料中应该有事先写好的目前正在进行的项目（工作）概要。每个人的格式或许会不同，但必须都要包括以下内容：

（1）问题的定义：找出当前客户业绩不足的真正原因。

（2）背景介绍：与客户半年前提出的目标值相比，实际数值有差距。

（3）主要利益相关者：经营团队。

（4）成功的秘诀：①不拘泥于表面问题，而是不断探究"为什么"，找到根本原因；②原因要简单明了且因果关系明确。

（5）障碍和制约因素：①在有限的信息来源和时间内，不得不尽早提出假设方案；②不具备丰富的行业知识。

（6）我们的认知和专长：具备一个可以用来找到根本原因的框架结构。

（7）项目的范围：仅限于客户进行并购的时间段利用定性分析（推测定量信息是有限的）。

全员都需要对这些内容进行回顾反思。因为团队学习是在项目开始后的第二周或第三周进行的，所以每个人都已经对上述几个问题有了自己的想法和思绪。团队就是以此为基础展开讨论的。

顺便说一下，这些问题都是领导事先准备的，并不是和成员一起构想出来的。只有领导已经对这些问题进行了深思熟虑并做足了功课，才能进一步激励和推动团队前进。

越是领导团队的人，就越要深刻理解"那个领导就只是发号施令、指手画脚，自己却什么都不做"这句话背后隐藏的风险，且必须对自己分内之事了如指掌并掌握创造价值的方法。

最大限度地提升成员的意识、见解和积极性

在此，我要为大家举一个单纯的事例。我想，但凡是咨询顾问都应该见过这样的模板——虽然是用来整理项目内容的，但在团队学习的场合中也可以得到灵活且完美的应用。

头脑聪明的人善于收集信息。但我认为，如果能够将这些事物联系起来的话，我们对其所产生的记忆就会进一步增强。因此，如果我们能够用这样的图表将自己目前所处的状况与今后该如何发挥自身能力联系起来的话，那么不仅会对项目做出更多贡献，而且会产生更多的动力。

此外，还有非常重要的一点就是，不能只按照模板设定的程序亦步亦趋地展开对话。我们要积极地探讨研究每位成员在谈论现场各自所提出的现状和想法，争取把讨论的原案打造得更完善。

比如，在讨论非咨询类业务时，我们可以就团队设定的里程碑式目标展开讨论。假设你所带领的销售团队志在与某位大客户确定合作关系，你要求团队成员对这个客户的信息加以整理。此时，你就可以将"问题的定义"替换为"目标·目的"，将"认知和专长"替换为"与竞争对手的不同之处"等。

总而言之，你必须准备5~7个用于整理团队成员想法的项目，在引导成员对此进行积极讨论的同时，努力激发他们达成此目标的积极性。此时，你一定能发现每个问题所特有的性质。每一种现象都与问题的解决息息相关，唯一的区别仅在于你是在解决一个无聊的问题还是一个令人兴奋的问题。

除此之外，我还建议要乐于与大家分享客户的体制机制和思维倾向等。例如，不同的人喜欢不同的报告方式。有些客户喜欢通过电话直接与你交流来推进工作进展，而有些客户则喜欢先发电子邮件，然后再开会讨论。

此外，我们还可以在这个阶段讨论业务运行中遇到的任何问题。作为一个团队，我们可以利用这个契机来具体地讨论在眼下工作中感到不舒服或不认可的地方，这样我们就可以比较容易地促使成员们的固执想法与现实状况相协调，进而让大家的工作方式立刻得以改善。

步骤2 分享优势和劣势（能力）

记录各自的优势和劣势

在把握了工作的整体状况之后，我们就可以进入下一个阶段了。从该阶段开始，我们就正式进入意见反馈的正题了。在理解了工作背景的基础上，我们就应该将探究方向调转为深入地了解彼此。

例如，我们可以通过与团队所有成员分享自己的优势和劣势来确定每个人该如何为团队做贡献。此外，我们还要事先告诉大家，你希望在哪些方面得到他们的反馈意见。谈论自己的优势也有助于团队划分角色和分配任务。对于领导而言，这些都是可以让每位成员最大限度发光发热的重要信息。

这项活动要与所有团队成员一起进行。换句话说，团队中的所有成员都要进行关于优劣势的讨论。我们要写下团队成员的名字和角色，并在旁边设置优势栏和劣势（成长的机会）栏。另外，我们还要预留一定的空间用来写下对他们的工作期望。这样，我们就可以按照要求填写相关内容，见表6。比如，成员小D的优势是：

★ 对零售行业非常了解，特别具有和买家打交道的经验
★ 擅长细致地谈判
★ 善于分析
★ 行动迅速（尤其是在首次或状况不稳定的情况下）

表6　写出各自的优势和劣势

成员	优势 / 劣势
小A	强项：在时间紧迫或临近完成期限的时候，能够充分发挥自己的能力 /××××××/×××…… 弱项：可以办好一个小型团队的研讨会，却无法组织一个20人以上的团队研讨会
小B	强项：领会能力较强，记忆力较好 /××××××…… 弱项：面对高级客户时会非常紧张 / 财务分析经验较少
小C	强项：擅长问题分析 /×××××× /×××××× /×××××…… 弱项：有中途打断对方讲话的习惯 / 当对方反复提起自己已然知晓的事情时会生气

我们按照这样的方式对其优势逐一进行罗列。这些内容既包含成员小D自己主动提供的信息，也包含了团队成员们提出的观点。

例如，当我们按照上述方式对成员小D的优势进行整理之后，可能会有人补充一些具体的内容，例如"成员小D会立即与大家分享采访中的内容或他所听到的信息，对把握整体情况做出了贡献"等（顺带补充一句，这一点通常是在上述四点的基础上补充的）。

又如，同一成员小D的劣势是：

★ 不擅长对小细节进行总结，并以易于客户理解的方式干脆利落地传达给他们
★ 有时他的论点会脱离主题
★ 不擅长认真聆听对方的观点

同样，在该部分也会有人直接补充说："在团队讨论解决问题的时候只关心和自己相关的那部分，而对其他部门关心的问题不甚在意。"我们不要忘记将此作为附加点来牢牢把握，之后便可以对下一名成员进行讨论了。

如何引导成员提出反馈意见

团队领导在这种场合充当的角色是引导者，他必须要向参加者征求相关意见。领导要鼓励团队成员们积极发言，要求他们对某成员提出反馈意见，但不可一味地批判对方。作为领导你自己需要提前准备一两项关于"优势"的意见作为发言材料，然后对其他成员说："有什么感觉吗？大家已经相处了两三周了，应该会有些自己的想法吧？"之后，你就静静地等待大家发言便可以了。

我想告诉大家最重要的一点就是，在这个过程中，作为领导的你首先要带头发言。你要敢于赤裸裸地告诉成员们自己的强项、弱项和期待。这样可以使成员放下戒备心理，也能够缓解他们的不安。

例如，你可以对自己的团队成员们说："我擅长项目范围管理。但有时我会过度参与具体工作或者过于严格地把控时间线（这是缺陷和弱点）。因此，我对自己提出的期望是能够在两者之间找到良好的平衡点。"这样做的目的也是为了能够把"团队学习"的概念深深地植入团队成员的脑海之中。

同时这也有助于团队成员们形成固定的表述逻辑。

另外，当你准备从团队成员那里获得反馈意见的时候，请要求他们即兴使用一种类似于直抒胸臆的语言方式来表述，以此达到引起周围人兴趣的效果。我曾经听某家大型服装制造商的高级管理人员说过："人都是先感受，再思考，最后才行动的。"我认为这句话一点儿也没错。

如果你要对某位员工提出反馈意见的话，你可以利用稍微夸张的方式让整个讨论氛围变得更加轻松，例如，"最近你在会议结束后会立即跟进后续情况，并且你获得的信息非常有效。真不愧是你啊！干得好！"。关键就在于我们要尽可能避免出现僵化的气氛。

研究项目分工及各自的应对策略

如此，我们就互相对彼此的强项和弱项进行了讨论后，就要重新确定团队的目标（或里程碑）和责任分工。之后，我们便要针对当前的客户，推敲各自的应对方法。

假设你的客户不喜欢通过邮件进行沟通，那我们最好是尽量避免采用这种快速直接的交流形式。如果恰巧你与成员小D一样，优势都是行动迅速（尤其是在首次或状况不稳定的情况下）的话，那么你应该采用间接方式（比如，通过客户Z）等与他们进行沟通。在今后的反馈中，我们也可以深入了解对方的优势和劣势，并随时将其与客户联系起来进行讨论。如果我们以这种状态进行下去的话，就能减少因错误而自掘坟墓的情况发生。这也是我们在团队学习中期待出现的效果。

确定每个成员的发展目标

在明确了项目（工作）的角色分配和责任义务之后，最后一步就是要明确对每位成员发展进步的期望。例如，我们可以就小D在本项目中的表现提出如下期望：

★ 以现在一半的字数或时间来传达必要信息
★ 专注于倾听,并且要每隔一两个星期同小B先分享一次最近的工作情况
★ 努力从一个对该行业了解甚多的人变成该行业的"诸葛亮"

并把这些期望一一书写记录下来。但是我们要保证这些期待的事情必须是具体可行的。我们可以尝试回想一下第一章中提到的SMART框架。另外,我们还应该讨论一下周围人该如何帮助他们达到这些期望。见表7。

表7 分析团队成员的优劣势,帮助其达到期望

成员	优势、劣势	为达到期望采取的措施
小A	优势:在时间紧迫或临近完成期限的时候,能够充分发挥自己的能力/××××××/×××…… 劣势:可以办好一个小型团队的研讨会,却无法组织一个20人以上的团队研讨会	如若接到临近结束日期的任务,就让小A参与进来/下个月让小A负责研讨会的前半部分;小B将配合支持他
小B	优势:领会能力较强,记忆力较好/×××…… 劣势:面对高级客户时会非常紧张/财务分析经验较少	关于……的调查和征询意见会交给小B来处理/小B负责向客户提供月度报告;小A将配合支持
小C	优势:擅长问题分析/×××××/×××××/×××…… 劣势:有中途打断对方讲话的习惯/当对方反复提起自己已然知晓的事情时会生气	由小C负责检查关于……的分析结果/全体人员观察发展进度

这样一来,每个人都能预先了解自己的优势和劣势,进而使项目的效果达到最佳。

工作会为"自己的能力""环境"和"工作的伙伴"这三个要素所左右。实际上，问题的难度和主题的复杂性都是次要的。通过营造一个相互促进的工作环境，可以加深成员之间的理解，建立信赖关系。

> 专栏
了解彼此的特性

我在和别人一起工作的时候，最喜欢去了解那个人的特性。当然，这里的特性指的并不是简单的性格特征、喜欢的食物、音乐、运动等要素。

例如，我在麦肯锡公司工作的时候，就曾使用迈尔斯–布里格斯人格类型测验（MBTI）的方法让成员们迅速彼此熟识起来。我想了解自己和伙伴们之间的相容性（共鸣度）是多少。在以前的团队学习过程中，我就经常特意设置一列"特性栏"，并在里面填写每个成员的类型。

对这些特性进行判断的途径是多种多样的，但也需要大量的理解和训练。最近，我向我们的成员介绍了一个更简单的方法，它可以帮助你在不到10分钟的时间内了解对方的"性格趋向"。

这个方法是美国知名作家格雷琴·鲁宾（Gretchen Rubin）设计的性格趋向测试。这种由四种类型构成的倾向测试非常有用。当我们把这个测试应用于工作团队甚至是夫妻之间或家族之中时也会有许多有趣的发现,所以我认为这是建立关系最好的工具。

步骤3　分享工作习惯(工作方式)
如何让大家更轻松地工作

进行团队学习,还可以进一步提升彼此之间的工作便利性。那么,我们该如何创造一个易于工作的环境呢?

近来,关于"工作方式改革"的话题甚嚣尘上。实际上,我以前工作的麦肯锡公司就有一种叫作"团队规范化"的机制。我们可以通过这一机制预先确定在该项目中要采取的个性工作方式。这是一套旨在提高工作效率,且可以根据每个成员的情况进行调整的规则,因此我认为可以把它广泛应用到各行各业。

在步骤2中,我们就对彼此的优势和劣势进行了讨论,但终究这都是对工作能力进行的深度挖掘。说到底,我们是从如何提升自身能力和技能的角度提出"期待值"这一概念的。在这里,我们要更加坦率地对自己的工作方式(工作习惯)进行讨论。简单说来,讨论事项如下:

- ★ 接听电话的时间段/查看电子邮件的时间段/原则上在周末不查看电子邮件,所以必要时刻请电话联系
- ★ 期望的下班回家时间
- ★ 家庭状况
- ★ 未来3个月的提前下班、休息日程和计划
- ★ 状态良好的工作时间段——有些团队成员在清晨的工作状态最好,但在晚上9点工作效率会下降

- ★ 针对在团队办公室中讨论无聊内容或玩手机等行为做出的规范决定
- ★ 自己究竟是擅长和别人一边讨论一边解决问题，还是擅长一个人安静地解决问题

"啊？连这么小的事情我们都要讨论吗？"也许会有人对此感到惊讶。但所谓"团队规范化"，指的就是在整个团队运行的过程中，为团队确定一个新的"规范"。

如果团队四个人都有早起的习惯，那么集中讨论的会议就可以在早上7点30分开始。即使你的团队中有夜猫子型和早起型的人也没有问题。团队领导可以交替对成果进行仔细检查并加以修正，这将使得工作更加顺利地进行，见表8。

表8 灵活利用团队成员的工作方式进行管理

成员	工作方式	领导的团队管理方式
小A	想要坚持到最后 想要从一开始就了解整个工作全局 因为早晨要送孩子去幼儿园，所以无法参加早会	★ 尊重每位员工的工作时间 ★ 早上的首要任务是检查小C的工作成果，下午的首要任务是检查小B的工作成果，并根据需要适当地与小A保持联系 ★ 团队会议时间调整为下午3~5点，并在早晨的时候以邮件抄送的方式通知各位员工，等等
小B	工作状态最佳的时间段是早上到中午11点 在晚上6点以后突发紧急任务时，请用电话联系，不要选择邮件通知	
小C	绝不闲话家常 属于夜猫子型，工作状态最佳的时间段是晚上7点到深夜 不吃午餐	

另外，在上述团队讨论的基础上，我们还可以增加如下几个大的讨论主题。比如，在这个项目中：

（1）最理想的工作方式是什么？

（2）如何进行"报连相"[1]？

（3）有效反馈——适合对方风格的最佳形式是怎样的？

（4）如何管理时间和流程？

（5）生活与工作相平衡的理想状态是怎样的？

接下来，我们按照上述主题进行分析。

最理想的工作方式是什么？

在这里，我们将对每个人的深层次特性和日常推进项目的方式方法进行讨论。例如，就像刚才提到的那样，有些人如果不大声地说话来同其他人进行实时沟通，就不能顺利地解决问题。另外，也有一些人在遇到难题时，会独自在沉默中找到解决困难问题的办法，所以他们需要独处的空间。

当团队领导为了解决问题而同各成员展开讨论（电话会议）的时候，要区分对待全体成员在场和一对一谈话这两种情况。

我们还可以确定一些团队规则，诸如关于问题的流程报告达到3个以上时，就要进行个别讨论等。

另外，我们还可以确定一个交办任务时易于成员理解的方法。有些人想要从一开始就掌握整体情况或部分状况，有些人则希望领导把所有任务都交给自己去做，有些人渴望自己能够独立

---

[1] "报连相"是日本职场文化之一。意思为"凡事报告、有事联络、遇事相谈"。——译者注

思考，而有些人则因为自己还没有完全理解现状而希望大家能进一步深入讨论操作方法等。根据不同成员，领导者需采取的方法也就不同。然而，这种方法并不适用于正式的问题确定、议题树的构建、假说的提出和测试、优先等级的确定、工作计划的制订以及沟通等个别问题的深入探讨。

如何进行"报连相"？

邮件、网络聊天、电话、视频会议、面对面……现在我们可以选择的交流方式越来越多。我们可以利用这些方式来分享基本信息，并将我们坚守的原则糅合在一起。

当然，比起直接面对面的交流，有些人更喜欢用电话来沟通。比如，他们会提出"特别是周五×点以后，我就不查邮件了，所以如果有事的话就直接发短信吧"等具体的要求。

当然，也有人会提出一些其他的要求。比如，"因为我们的项目偶尔会陷入僵局，所以一定要保证做到每周一次面对面沟通。届时，请大家务必提前一天准备好议事日程""确保在把报告发给客户之前，自己先把它捋一遍"等。

在其中还会有更加详细的要求，比如"在同客户进行碰头会的时候要提前15分钟到场，布置好相关设备，且不要安排连续的会议"等。就沟通的整体流程而言，每个人的做法和想法是千差万别的。这里不仅可以分享团队的状态，还可以分享客户的喜好。这不仅是一个可以了解团队状态的契机，还是一个可以分享客户喜好的绝好机会。

比如，由于我们总是在会议前5~10分才到场，所以有客户对此表示了担心。在其他客户看来，提前5~10分到场是稀松平常的事，但在这个客户的文化意识中，要提前15～20分钟到场才是理所当然的。这种事情的影响在两三周之后就会显现出来，并马上引起团队内部整体的重视。

有效的反馈形式是怎样的？
适合对方风格的最佳形式是怎样的？

我们要将焦点只集中在意见反馈之上，并确认该如何让对方大显身手。这样我们就可以掌握每个人行事风格。

在这里，我们可以找到第一章和第二章中提到的一些要素，比如：循序渐进、每3个意见汇总在一起、以周为单位进行、大型报告会后必定提出反馈意见、先提出需要改善的地方再指出需要改进的方面、下很大功夫的沟通方式、实事求是等。每个人的行事风格不同，其成长过程及结果也会不同。

就在前几天，我忽略了一个问题。某位同事似乎不喜欢充满消极色彩的反馈意见，他更渴望的是首先要得到表扬。但是我并不清楚这一点，所以我就毫不客气地提出真实的反馈意见，结果在开始的一个月费了好大的劲。后来，我在得知这一点之后便调转了方向，工作才变得顺利起来了。

希望对方关注什么（沟通、解决问题的方法、合作）？

在推进项目发展过程中，你要决定关注优势和劣势中的哪一个。虽然我们每天都要在繁忙的工作中提出大量的反馈意见，但接收意见的对方不可能总是关注到所有的要素。相反，正如"鱼和熊掌不可兼得"那般，追求太多反而会导致效果减弱。如果我们能选择事前强化适合这个项目的反馈意见，并就这一点同对方达成一致意见的话，便能进一步促进对方成长发展。

如果团队成员人数为2人以上，那么由谁来仔细检查？

我们再谈一谈任务角色的事情。你最希望让谁看到什么表现？这对于非领导者而言也是一个有利信息。在日常的团队活动中，很多人都不会主动接受其他成员的反馈。但是，也有在接受反馈意见方面表现突出的人，同时也有擅长提出反馈意见的人。在这里，我们要把这些责任考虑在内一并进行磨合调整。

如何管理时间和流程？

在推进项目的过程中，我会在每天确定两件应该做（能完成或实现）的事情。这被称为"关键路径"。工作的结果主要是由时间轴、程序管理和幕后支援决定等要素决定的。

我最近正在推进一个相当困难的项目，要在一两个星期的时间里进行20多个管理者访谈。主要任务是要对有关公司过去两年的经营业绩进行回顾和评估，将重点放在定性要素上来探寻导致表现不佳（业绩不良）的真正原因。另外，项目的推行地点是在海外，我们必须每天进行3个以上的采访，然后把采访内容整理成笔记，最后还必须在大约一周后将整理好的结果报告给高级管理者。

在这种情况下，工作的成效就取决于时间轴和过程的整合性。当然，这不仅适用于个别任务，也适用于整个团队项目。我们明确一天或一周等时间段内整个团队的"关键路径"，并且一旦确定就要进行报告和检查，以期切实熟练地掌握该关键路径。这样我们就可以在日常工作中尽可能减少意外状况的出现。无论发生了什么事情，我们都能够充分应对。

生活与工作平衡的理想状态是怎样的？

现在，人们终于开始讨论工作和个人生活之间的平衡问题，但在不久前情况还是迥然不同的。就在几年前，日本的职场中还残留着强烈的克己奉公精神的痕迹。

然而，团队学习的妙趣就在于它允许我们可以堂堂正正地就那些通常在工作环境中不合适提及的话题相互交流意见。通过共享彼此的价值观，我们可以共同营造一个舒适的工作环境。另外，我们还可以根据每个成员的特殊状况来对规则进行一定程度的调整。

例如，如果你所带领的团队成员都是单身的话，那么就应该以小组为单位来预定所有人的晚餐，但可以将周三确定为自由就餐日。另外，我们也要事先规定好客户不能参与到团队员工用餐之中。

反之，如果团队员工并非独身一人而是有家庭成员的话，我们就要尽可能地为其着想，给他们提供更多可以自由开放工作的机会。比如，有一位领导常常会在下午5点左右给孩子打电话。然而，我们必须知道的是这些并非领导的特权，而是团队全体成员都可以享受的权益。当然，自由度的范围可能有所不同，但通常都是可以实现的。

另外，工作场上还存在一个很常见的现象，那就是经常不吃午餐的领导会误认为其他成员也同自己一样无须午餐。当然，很多情况下并非领导们故意为之，而是由于他们埋头沉迷于工作而忽略吃饭，并认为这是理所当然的。面对此类情况，如果成员们因为不好意思指出问题而使自己受罪的话，那简直是有百害而无一利了。因此,我们在进行团队学习的时候也可以就此类事情进行讨论。

团队学习不是发牢骚和找借口的地方

团队学习绝对不是一个让成员们承认或暴露自己的天真、浮躁、不足的地方。这是一个成年人的工作场所,因此我们要对自己的行为负责。我们可以借助团队学习的机会,在整个团队共同参与的前提下,互相讨论自己和对方能够干什么以及不能干什么。工作中难免会有抱怨和借口,但作为团队领导,要注意仔细剔除这些不恰当的评论。

至少,我们必须关心最后的工作成果。不能胜任此项工作的领导者不具备规范团队的权限,也不能被授予规范团队的权限。领导者不断思考自己能做出怎样的贡献,反过来又应该让成员做出怎样的贡献——这才是团队学习应有的姿态。

在某个项目中,曾经有人对我提反馈意见时说:"晚上11点以后你就睡眼惺忪了,这样你的效率会降低且无法跟上团队的讨论了。"身处咨询公司,这种严厉的反馈意见是常有的。但是,被提出此类反馈意见的意义就在于我会在下一个项目中提前说明该情况。

我们也可以在进行团队学习的时候提前说明该情况。比如,我会告诉对方:"如果可以的话,我希望进行重要讨论的时间点能够尽量避开那个时间段,或者在理解我的注意力已然下降的情况下再进行交流。"

这听起来像是一个借口,但实际上他们事先了解该情况与否而形成的期望值是不同的,甚至有些时候让其他人了解自己可以提高整个团队的工作效率。

最后，我们可以事先告诉大家自己如何才能取得更好的工作业绩，这将有利于我们在各种情况下都能发挥自身的本领。这也将为团队做出更大贡献。假设我们工作到深夜已大脑疲劳、反应迟钝，却偏偏因为领导还未下班而继续拼命坚持，这种不合常理的事情简直就是一种折磨。

步骤4 当天总结，日后分享（跟进）

基本上，当讨论结束之后，领导会对讨论的内容进行整理、总结并同大家分享。如果团队眼下正面临着巨大的压力，我们可以尝试把总结的意见贴在墙上来激发员工们的动力。即使你主持的工作不是以项目为单位，也仍然可以通过每隔3~6个月适当进行一次团队学习的方式来掌握团队的动态变化。

工作环境越严肃，我们越要进行团队学习

只有在亲身实践之后才知道，团队学习是一种能够让大家在严肃的工作环境中相互沟通感情，在短时间内缩短彼此距离的"心灵治愈法"。这种方法高效且能让团队成员们感到舒适。

团队学习对团队建设（提高团队的积极性）而言是非常有用的。团队建设是针对团队整体而言的。人与人之间的关系并不会因为每天都在一起工作而变好，实际上如果我们想要建立密切的关系就需要一个"契机"。

当然，这是由多种要素相互重叠而形成的一种复合结构，但是团队学习却可以称得上是其中一个重要的组成部分。这是为什么呢？

因为对于那些境遇相同的人而言，没有什么能够比单纯互诉苦楚更能一下子拉近人与人之间距离的了。说句题外话，咨询顾问们在离开公司后仍然能够保持良好的关系是因为他们在这些糟糕可怕的项目中所体验到的感受是相同的。

团队学习方法之一就是大胆地说出自己的优势和劣势，同时也可以了解别人的烦恼和劣势，这样就会让团队成员们产生惺惺相惜、互相帮助的心理。

"啊，原来他也为这件事情而苦苦支撑呢！""他的确和我不一样呢！他竟然觉得那种事情很棘手。"……在这一过程中，我们不断加深对彼此的兴趣，并且会互相提出自己的相关看法和意见。而作为领导，我们要做的就是努力营造出这样的环境氛围。

一个工作或项目面临的压力越大，团队学习就越能发挥效果。哪怕对方并不在场，我们也可以通过彼此分享，来达到了解对方和心意相通的目的。

领导也可以从团队成员那里学到很多

我在第一次经历团队学习的几年后，便开始以领导者的身份来组织团队学习。

我倾听并记录着年轻顾问们的诉求。之后，我便同他们一起在轻松愉悦的氛围中总结他们的发言，偶尔开几个玩笑，最后写下对他们的期望以及将来要进行的反馈要点。

包括平时感觉稍微有些难以应付的成员在内，所有人都采取了一种与平时进行一对一谈话时截然不同的态度。在一对一谈话时，大家都是以一种紧张、慎重甚至冲撞的姿态来沟通，而此时的他们则是以坚定的眼光，以设身处地的态度来倾听彼此的意见。

团队学习是一个可以让成员学习各种工作方法的场所，这对于领导来说也是一样的。作为领导，我也从团队成员身上学到了很多东西。例如，成员之间恰当精准的沟通方式给我留下了深刻印象，而我也从这种反馈技术中汲取了许多养分和精华。

> 专栏
> ### 事后情况报告的作用

就向团队提出反馈意见而言，其实存在一个很好的时机——那就是在大型会议刚刚结束的时候。想必大家都有过一两次这样的经历：从三周前开始直到临近截止日期，整个团队在这个时间段内团结一致，为了发布会的举办而马不停蹄地奔走。而事后的报告会既是集大家心血之结果，也意味着各位成员终于可以卸下肩上的重担来喘口气。

事后情况报告指的是在团队完成任务或项目后，大家共同讨论什么地方做得好而什么地方需要改善，然后再由整个团队来确定下一个任务或项目需要做的准备工作以及完成准备工作的时间。比起发邮件的方式而言，这种能够在30分钟内完成的讨论更能提高成员们的工作效率。虽然每个人做事后报告的方式不同，但我在做报告的时候一定会在其中掺杂许多反馈意见。

此时此刻，每个人的心情都比较好，都处于容易接受反馈意见的状态之中，除非刚刚结束的任务或项目没有取得理想的结果。趁此机会，我们也可以很轻松地讨论一些比较困难复杂的话题或者三周以来一直困扰大家的事情，因为此时的成员们会比平时更加积极公开地发表意见。

小结　团队学习

到目前为止，我们已经讨论了团队学习的定义及操作方法、价值观的碰撞磨合、共同建设团队的互帮互助精神、数量和质量高出平时许多倍的意见反馈、团队规范化、工作方式的设定以及团队的存在方式等诸多优势。

我希望大家能够明白，进行团队学习与否会对日后项目和工作的成果产生非常大的影响。

即便你主持的工作并不以项目为单位，但只要你有机会同团队成员齐心协力共同努力的话，你就能够发现拥有一个以团队为中心、以完成任务为目标的思维价值链是多么重要！

第四章

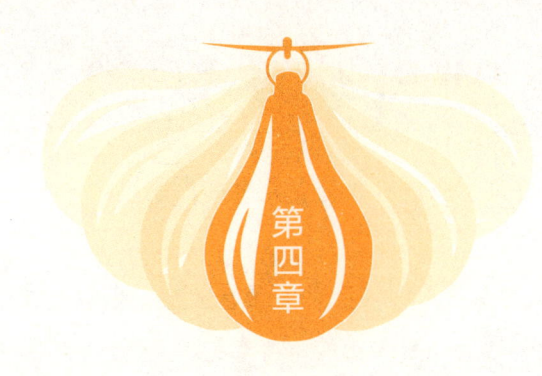

提出正式反馈意见的方法

> 实际上,请把自己当作一名园丁好了,一手提着洒水壶,一手提着肥料桶。偶尔,你需要去除一些杂草,但是大多数时候,只要浇水施肥、细心呵护就可以了。
>
> ——杰克·韦尔奇

公司建立正式意见反馈机制的必要性和意义

采访最后变成了闲聊？！

我曾经在某个意见听取会中听到如下表述：

- ★ 以前我所在的部门实行的是微观管理，所以员工们会频繁地收到各种细致入微的反馈意见。虽然这在一定程度上给大家增加了压力，但是我现在所处的部门却几乎处于放任不管的状态

- ★ 我对下属承诺他们会获得极大程度的成长发展，并在早期就开始介入指导，甚至把事业部发展成了海外的据点。我会定期进行意见反馈活动，并把它同教育及评价区别开来当作两码事来对待

- ★ 只有在每年加薪或升职的时候给下属发放一张调薪通知或者委任状，也只有那时才会进行面谈。但讨论的内容也只是停留在事务性的话题或者紧迫工作任务上

- ★ 沟通谈话一直以"最近怎么样"这样的闲聊形式进行

- ★ 虽然也会采取意见反馈的形式来沟通，但不擅长做好事前准备。换句话说，就是没有提前梳理罗列出三四个讨论的要点

- ★ 为什么没有实现总价值的飞跃呢？我们并没有就这个问题进行客观的讨论，最终只是以拍拍肩膀收场，更不会在认真探究思维、态度及行动等方面存在的问题之后提出一系列反馈意见

★ 最终只是停留在口头表述和大脑记忆之上。没有专用的表格和固定的格式，也没有任何书面记录，更不会谈及下一次沟通讨论的计划

其实只要我一开始动笔，就能罗列许多存在的问题。但这些问题都反映出一个共同点，那就是该公司没有建立正式的反馈机制。还有一点非常明显，那就是各个领导和组织对意见反馈的看法千差万别。

在第一章中，我们鸟瞰式地讨论了"日常工作中的意见反馈"的定义、优点及检查清单；在第二章中，我们深入研究了作为提出个人反馈意见时最有效且最通俗易懂方法之一的"反馈环"；在第三章中，我们详细论述了团队学习和团队规范化问题。因为我们是按照循序渐进的原则来逐步深入探讨意见反馈的问题，所以接下来我想谈一谈如何提出正式的反馈意见。

以持续的眼光审视员工的成长

正式的机制不仅仅只需要提出个别的非正式反馈意见，而且还要进行高质量的正式意见反馈，才能促使领导、团队或整个组织都能更快地成长发展。

那么，为什么在一个正式的机制中需要进行意见反馈呢？

我们可以把每天分散的反馈意见看作拼图的一部分。乍看之下，这些碎片似乎是孤立的，但实际上它们都能像拼图那样拼接在一起，构成自我形象的一面。

例如，小A的桌子上平时都散落着很多文件和各种东西，或者把东西乱堆乱放。他总是马马虎虎地对待自己的日常安排，常

常不修边幅甚至蓬头垢面。这些都是需要小A逐个进行处理和改善的问题，但我们总结一下，不妨称小A是一个"杂乱无章的人"。

上面是我为大家举的一个极端简单的例子。但是从中不难看出，我们的行动在很多方面看起来都是重叠的，实际上是因为这些行为在根源上都是共通的。只有通过正式的机会来识别并处理这些问题，我们才能进行高质量的反馈活动。

谈论日常生活中无法解决的大问题

除非是在正式场合，否则谈论那些日常反馈中无法解决的大问题是没有意义的。特别是与人格、职业的适合与否及项目失败等情况相关的话题，都是日常交流中不会讨论的大问题。

在某个项目中，一位成员的行为举止出现了问题。如果一直这样下去的话，作为领导是绝对不能坐视不理的。虽然他具备一定能力和素质，但若不改正问题，最终就浪费人才了。但是，即便现场就他的不恰当言行——提出反馈意见也是无法当场解决问题的。他身上存在的问题显然要比想象中复杂得多。这些问题的出现可能与他自身的价值观或两面性有关。所以即使这些问题在表面上得到了纠正，有时也只是临时抱佛脚而已。越是狡猾聪明的人，越善于隐藏自己。因此，我们在正式的意见反馈场合须与对方目光交汇，一边慎重地观察对方的反应一边进行交流。

力图实现个人与公司的协同

作为领导，最重要的还是在正式的反馈机制下同员工讨论他们的长期成长发展目标。虽然员工们也有个人的成长目标，但是我们作为领导者可以通过对照公司的经营方针、模式、价值观等来对他们提出反馈意见，以此来建立协同效应。

首先，我们要设定理想的标准，以统一的形式构想出人才应有的理想状态。我们要同员工们分享这一标准，并在提出反馈意见的时候参照这一标准进行。特别是在进行正式的意见反馈时，一定要使用双方都能接受的语言。这将有助于双方更快地说话，更好地沟通，也可以避免出现误解。

例如，在提出反馈意见时不要使用"劣势"一词，而要将其称为"成长机会（发展需求）"。简单地将消极表达方式转化为积极表达方式，最终产生的效果就会截然不同。此外，我们还可以采用"顶尖级"等措辞来强调"优势中的优势"，以此来实现全公司共通的差异化。

另外，根据工作场合的不同，可以将正式的反馈大致分为"项目结束后进行"和"每一年或半年定期举行"两种。在本章，我将根据上述定义来为大家介绍具体的反馈方法。

每一个项目都需要意见反馈

不要让你的成长发展依赖于运气

在本章的开头，我举出了一些没有建立正式反馈机制的公司出现各种混乱状况的例子。其实在很多公司的谈话活动中，主要讨论的内容都是员工评价或任务完成率，之后便是以近乎闲聊的形式结束交流。

然而，实际上我们要做的却是把遇到的现实困难和无法实现目标的原因进行结构化整理、积累并构建事实基础，并情真意切地同员工们讨论他们的日后成长发展。这些任务虽然很繁杂，但是也非常重要。

举一个我最近遇到的悲惨事例。我曾在某处看到他们进行的意见反馈活动简单（无用）到让人吃惊——"请把你发现的问题以书面形式总结后通过电子邮件发给我"。你可能会怀疑自己的耳朵，事实上根本不存在任何反馈框架，它只是助手发来的一份提醒邮件而已。它没有什么特别的运营机制，只是随意地发给领导，如何执行也是个人的自由。

你可以随心所欲地讽刺别人，也可以强调自己的长处。至于最终哪些问题会得到重视就看领导自己了。换言之，一切取决于领导个人的好恶。只有幸运的人才会发展进步，这就会导致人才培养的结果出现偏差。

同时，此类意见反馈也往往只是停留在经验法则上，那些成功经验根本无法传达给员工，更不会发挥应有的作用。并且这家公司的销售额高达数百亿日元，所以难怪他们的首席执行官会感叹不已。

虽然有些公司并不会在项目结束后进行正式反馈活动，但如果我们能够在重要业务告一段落后对自己和成员进行回顾之际应用到意见反馈技巧，我将不胜欣喜。

不要错过任何一个反馈时机

在咨询公司中，通常在每个项目或工作告一段落之后，经理们都会给大家分发统一的模板，并让团队中的每一位成员写下自己的意见。在责令大家于一定期限内完成该项工作后，将在两三周后的某一天与员工们共同组织一次时长30分钟到1小时的正式意见反馈活动。这听起来似乎很简单，但要彻底完成却需要很长的时间。此时，只要导入自动提醒服务或工具就好了。在意见反馈交流结束后将讨论的内容上传至系统上，便可宣告反馈活动就此结束。

另外，"工作成果及表现"和"自我成长"这两项活动并不总是要同时进行、相辅相成的。因此，我们在针对每个项目进行反馈活动的同时，也要每年进行一次综合性的意见反馈活动，这样取得的效果会更好。见图8。

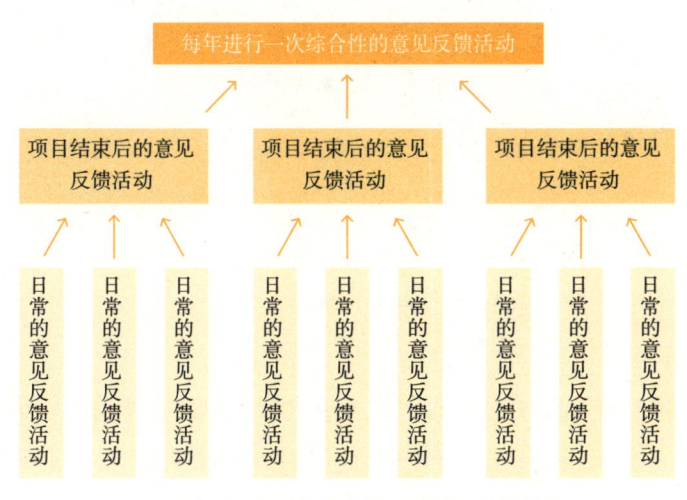

图8 每个项目结束后进行反馈活动的情况

全公司范围内灵活使用评价表

我们可以从常用反馈表格项目的分解度和细致度来判断正式的意见反馈活动是否合理有效。在咨询公司中，常用的反馈表格被称为"评价表"，里面包含了该公司重视的所有事项。下面我举一个例子，仅供大家参考。但需要大家注意的是，即使是同一家公司，不同部门使用的评价表内容也会有所不同。关键是要具有实用性，能让所有人都理解并接受。该评价表需具备以下特征和内容：

- ★ 需明确写下公司的使命和价值，以及意见反馈者所关注的重点（例如：敢于挑战的姿态、客户至上等）
- ★ 对项目特有的背景和具体情况进行说明
- ★ 写明自己对自身角色和职能的理解与认识
- ★ 补充说明自己随着扮演角色的增加而相应地培养出来的素质，比如：领袖魅力、统筹力、远见、同理心、果断性及适应能力等
- ★ 主要类别和次要类别以选项的形式组织起来，便于评估
- ★ 留有一定的空白处让员工们自由表述
- ★ 让员工对自身的想法和意见进行总结

我们需要使用这样的评价表来进行正式的意见反馈。另外，在成为该部门的高层领导之前，需沿着一条贯穿学习、研修、成长的共通轴来锻炼自己，以此为基础进行意见反馈是很重要的。当然，仅仅准备好评价表还是远远不够的。基于我在几家企业亲身任职的经历，我可以清楚地告诉大家，越是优秀的组织，越会贯彻"前期"和"后期"原则。在"前期"阶段中，要坚决贯彻必须促进下属成长进步的理念。我们要事先做好评价表的说明和培训工作。在正式的意见反馈场合便可以使用这些表格来进行一系列的交流。在"后期"阶段中，我们要在完成意见反馈之后对

表格中的内容进行检查确定，然后再发送给当事人。另外，表格上的信息也会被保存起来，在必要时可以进行查阅。这样一来，我们就可以长远且明确地讨论员工们的哪些方面得以改善，并且还可以追溯他们实际做了什么以及是如何改善自己的，而非只是停留在"似乎感觉到成长"这种感性的语言上。

事先与下属交流，可以提高工作准确度

在进行正式的意见反馈时，最好要让对方事先掌握反馈意见的要点。要点的内容主要来源于评价表。最理想的状态就是我们要把内容事先发送给对方，以便他们能够做出检查。

如果对方能够提前几天进行认真思考并做好了回答问题的准备，那么意见反馈就会变得更加顺利，我们也就能更快地进入正题（如何促进对方成长发展）了。

实际上，这种事前准备的最大好处就在于可以避免出现让对方惊吓或误会等状况。当然，反馈意见在一定程度上也会被视为对方个人表现，并将对他今后的职业生涯产生影响。因此，**如果能够让对方好好地整理自己的想法并以最好的状态来面对反馈意见的话，那么他们对意见的接受度和满意度也会提高。**

另外，要求员工们进行额外的自我评估也是一种高级手段。在项目结束以后，所有人都要给自己打分来进行自我评估。每个人都要分条列点地写下自己今后想要强化的方面、本次项目中表现较差的地方及表现出色的地方。这将非常有利于领导把握下属和成员们对成长发展的态度和想法。

然而，它有时也可能成为新思维的障碍，所以我们要谨慎处理。这种方法的好处在于不需要从零起步来考虑反馈意见，但也

有可能会导致领导者们在反馈思维和习惯上变得懒惰。换言之，它是一把双刃剑。就我个人而言，比较简单的处理方法就是在阅读对方的自我评估内容之前，自己已经在某种程度上确定了要反馈给对方的内容。换言之，我已经事先准备好了反馈的要点。之后，我会以一种全新的眼光和作为领导的独特视角对员工们所写的内容进行检查。

意见反馈活动进行时

虽然每个项目结束之后进行的意见反馈活动的氛围要比每年进行一次的意见反馈活动显得轻松许多，但这也只是频率上的差别而已。

我们可以将意见反馈活动同接下来的晚餐结合在一起进行，也可以趁晚餐前的空闲时间找一个安静的地方交谈30分钟。双方越是放松，对话就会越坦率地进行。

但非常重要的一点是，在进行意见反馈的时候每位成员都要认识到即将开始的对话交流是一个具有重大意义的环节。这是一个宝贵的成长机会，大家都应该有意识地充分利用有限的时间。目标时间为30分钟到1小时。

那么，我们具体该怎么打开话题，应该说些什么好呢？接下来为大家举几个例子。

比如，你可以针对此次的项目和工作充分说明对对方的期待或对方发挥的作用。如果你是团队领导的话，你可以这样说："在本次项目中，小A主要负责整体流程、员工的任务分配和精神鼓励、同高级客户的关系建立、所有的沟通环节及拉响第一警报（在所有事态中都做出敏锐的反应）等任务。"

再比如，如果你是团队成员的话，你可以尽可能具体地表述自己的工作："我对×行业进行了调查研究及意义挖掘。另外，我还起草了专家访谈文案及问题草案。同时我还负责跟进特定企业及市场分析等。"

想必在评价表上每条项目之后密密麻麻地写满了反馈意见。此时，我们就要在刚刚确认的期待值的基础上，从最优的项目开始逐一进行深度挖掘。

例如，经理可以讨论领导团队和客户的能力及实际影响，团队成员们则可以讨论课题分析、后勤、问题和产品质量等内容。

另外，为了抑制过度的主观意识，我们在开始提出反馈意见的时候，首先要用"我观察到……"这样的句式开头。见表9。

表9 交流反馈意见时的必备句式

固定句式（汉语）	固定句式（英语）
我曾看到过你（做过）（事情一、事情二）……	"I observed that you behaved（fact1）（fact2）..."
你的行为让我感觉……	"This gave me（a certain type of feeling）"
如果我是你的话，我会……	"If I were you，I would ..."
因此，希望你能够从明天开始采取如下新行动……	"Therefore, from tomorrow we can（take a certain action）"

我在第二章的"反馈环"中就已经提到过事先确定好格式会很方便。

如果你能以上述句式来进行反馈活动，你就可以预想到对方会如何反驳自己，进而也就使意见反馈变得轻松起来。

最后我想说的是，我不建议领导根据员工的工作表现来确定进行意见反馈的场所。

比如，某个团队的成员或下属非常优秀，取得了很好的工作成果，那么领导便选择在小酒馆里进行意见反馈。因为他们之间确实没有什么话可说。相反，假设员工身上有太多的毛病，那么领导便会把那个人塞进像金鱼缸一样的会议室里提出反馈意见。

这种行为对于双方而言都不是公平的反馈机会。问题的关键在于我们需要构建一个共同的反馈环境和机制。

后续跟进机制

持续跟进反馈内容是否能够得到改善是作为领导的重要职责之一，但逐一跟进所有项目的难度的确也很高。只有在每年或每半年进行一次反馈活动的情况下，才有可能做到真正的持续跟进。

如果项目的持续周期较长，也可以对项目的每个阶段进行跟进。我们要回溯上一阶段评价表及意见反馈活动中讨论的具体内容，然后明确写下截至目前（例如前3个月或前6个月中）究竟哪些方面得以改善，哪些部分正在逐渐好转。之后，我们在项目正式完成后的反馈环节中对其进行审查即可。

另外，要做好后续跟进工作，我们不得不提到开发主管人员。麦肯锡公司里有一个类似于导师的第三方教育培训师，他主要负责对咨询顾问的评价和培养。与项目负责人或参与项目的合作伙伴不同，开发主管人员最大的优点就是可以保持客观性。被选中来担任开发主管的人必须与接受反馈意见的人来自不同的行业或部门——这是一条不可动摇的规则。开发主管人员会从通过各种渠道收集到的反馈意见中选出对当事人最重要的部分，并且要每年进行一次整理。另外，开发主管会以此为基础设定员工们在第二年需要挑战的项目，以达到促进员工成长发展的目的。虽然现在很少有公司导入这种培训制度，但想必大家已经明白后续跟进在人才培养方面发挥着多么重要的作用。

定期进行的正式意见反馈

不要毫无章法地进行意见反馈

如果你所从事的工作并不以项目为单位来进行，那么每一年或半年进行一次的正式意见反馈就成了极其宝贵的机会，见图9。

图9　定期进行正式意见反馈的情况

在评价表上设置数个今年工作要达成的阶段性目标，分段进行评估与讨论，这样就能同以项目为单位进行意见反馈获得一样的效果。

那么在这一年中，究竟哪些方面得到成长发展了呢？接下来又面临着怎样的成长挑战呢？当事人对此有什么感想？他们从哪些方面入手、如何做才能可以进一步促进自身进步呢？请大家在不断回顾"反馈环"的同时来进行互动。时间大概30分钟到1小时为宜。

如果还有余力的话，那么我们除了可以使用评价表之外，还可以附加使用书信形式给员工们提出反馈意见。

虽说如此，反馈的内容也是多种多样的。哪怕只是将灵光一闪想出来的东西罗列起来，其数量也相当可观。特别是每年定期进行一次反馈活动的情况下，有必要就以下阶段性目标进行讨论。

- ★ 为熟练完成日常工作而进行的单纯训练
- ★ 工作效率的提高
- ★ 作为公司职员的规则和礼仪
- ★ 发掘优势的差异化因素
- ★ 应该尽早解决的劣势和烦恼
- ★ 始终朝着某一个目标前进（升职、加薪、奖金）

如果对这些要点逐一进行深挖，那么时间再多也断然不够用。因此，对于公司和领导来说，必须要事先确定核心要点，但关键在于要认真考虑如何将核心要点同商业本质及员工成长紧密地联系在一起。

有意识地专注于所在公司面临的核心问题

举一个咨询公司以外的例子。我们以前曾帮助过一位客户完成某个项目。他所在的营销公司有如下三个关键领域和主题：

- ★ 公司产品和行业知识：是否从各个角度看都精通
- ★ 问题解决能力：包括发现问题、构建结构、验证假设、分析、确定优先顺序、落实（制作）行动计划等
- ★ 实践能力（执行能力、推进力）：实践能力、进度管理能力和善后能力等切入点的考察

即使在一个以任务完成率或业绩提升率论英雄的行业中，通过分解上述三个要素也可以以更娴熟准确的方式提出反馈意见，而不是单纯问一句："你为什么没有把业绩提升到……（数字），你是遇到什么困难了吗？"同时，这也有助于你能够从多个角度看待问题。

作为一个领导者，需要确定一条明确的轴来进行正式的意见反馈，这将对今后员工的发展产生巨大的影响。这样我们可以在提出反馈意见的时候明确地意识到所提意见属于"核心部分"还是"非核心部分"。

例如，前面所提到的"作为公司职员的规则和礼仪"虽然是一种必须遵守的最低限度要求，但同时也表明我们不能只把焦点放在这上面。另外，作为在每年定期举行一次的反馈活动中提出意见的一方，我建议大家在参加讨论时对以下方面提出反馈意见：

- ★ 近期工作的目标达成情况
- ★ 中期事业计划
- ★ 长期发展目标

感觉如何呢？这三大领域中究竟哪一个才是你实际反馈的重点呢？我想大部分都是对最近的工作表现提出反馈意见。从回顾过去的角度来看，这具有非常重要的意义。

然而，人只有着眼于未来才能取得突破性的成果。请记住，这是判断自己的反馈意见究竟是在面向未来还是在回顾过去的一种简单检查方法。

以信件形式提高正式感会取得更好效果

当然，即使你一直以项目为单位逐次进行意见反馈，也请你一定要进行定期反馈。"工作成果及表现"和"自我成长"这两项活动并不总是要严丝合缝地同时进行。因此，哪怕你每年只进行一次综合性反馈，也会取得很好的效果。

在回顾环节中，我建议大家整合这一年中所有项目结束后提出的反馈意见，并将其分解成若干个大的主题来进行讨论。

另外，在这一环节中不应再使用评价表，而应准备一份Word文档并交给对方。在该文档中，要逐个段落地论述该员工在今年不同项目中的所做出的贡献、出色之处、发展需求和今后应达成的目标（应该做的事情）。因此，这也要非常考验领导者的整合能力。

该文档的基本框架如图10所示。因为这是一个总结性的反馈，所以如果我们以正式信件的形式交给对方的话，就会大大增加说服力和可信度。最重要的是，书信形式表明了你对员工们的重视和尊重，这将会影响下属长期的忠诚度。如果你能够年复一年地持续这样做的话，那么你就能够逐年很好地跟进员工能力提升的状况。

范例 1	范例 2
标题及收件人姓名等	标题及收件人姓名等
对项目（工作）所做的贡献	行业动向及公司定位
出色之处（优势）	部门或团队的工作业绩
发展需求（劣势）	当事人所做的贡献
今后的发展目标	今后的发展目标
结束语及落款	结束语及落款

图 10　信件形式的反馈意见

讨论一些平时难以处理的深层次问题

正如我在本章开头所说的那样，找一个与人格、职业的适合与否及项目失败等相关话题提出反馈意见的最佳时机。

这同样适用于我在第一章中提到的领导不擅长把任务交给下属的情况，因此我建议双方应该在一个安静的地方或平和的气氛中进行谈论。

在遇到特别严肃或敏感的话题时，为凸显出其重要性，我们可以选择在会议一开始的时候就讨论它。如果领导者能够从较为轻松的角度切入展开主动攻击的话，员工本人也会意识到问题的严重性。

最重要的是，我们不要限定员工的发言时间，否则会让他们感到异常焦虑。在正式的意见反馈期间你要做好频繁交流的心理准备，重要的是要让员工们畅所欲言而不用在意自己的发言时长。

另外，问题越是困难，越是根深蒂固，人们就越有可能粉饰太平、装腔作势或回避自己的真实感受，这不是一种好的意见反馈方式。既然准备根除旧弊，就要做好对方会生气甚至拂袖而去的心理准备。但是，我们要知道意见反馈的最终目的是要找出问题的症结所在并改善现状。另外，我们还要明白的是，或许你同员工们在经历争吵与和好之后，你们的关系会更加牢固。

心态和个性是支撑一个人的骨架。在第二章中，我们就人的深层心理进行了讨论。在人类心理断层中，从下往上数第三层便是对自我的期待及对他人的（单方面的）期待。而我们往往会把这当成规则来经营自己的生活。因此，心态和个性就成了我们每个人独有的世界观。我们每天都在同社会或公司中其他人的互动之中获得成长和发展。既然我们谈论问题的程度已经触及根本，那么就需要进一步了解对方。

你甚至可以询问他们曾做过的所有行为心理学测试及智力测试的最终结果。例如，我们可以简单地罗列出一些具有代表性的测试，比如迈尔斯-布里格斯人格类型测验（MBTI）、克利夫顿优势识别器（Clifton Strengths）、赫曼全脑优势量表（HBDI）、基本人际关系取向量表（FIRO）等。在战略咨询行业中，最著名的是MBTI测试。

如果员工们并没有做过任何相关测试的话，我们可以趁机让他们体验一下，只要将时间和费用控制在允许范围内即可。我们与其从一开始就探究问题出现的原因，还不如把测试作为话题的开端。

毋庸置疑，越是在谈论这些话题的时候越能真正考验你作为领导者的意见反馈能力。因此，请你务必做好周全准备。

> 专栏
跨度控制

当每年临近员工评价的时候，会有很多领导对此感到郁闷不已。在日常工作的基础上还要对多名成员进行意见反馈，这种工作量的确让人难以承受。

那么你知道一位领导者能够直接有效管理的下属最多为几人呢？专业上将其称为"跨度控制"，通常情况下7人最为合适且不应超过10人。就战略咨询公司而言，在进行年终意见反馈的时间段中，填写评价表并参与意见反馈会议的最多也就五六个人。

巧合的是，在进行数据分析时可以列出的条形图数量最多也只有7个。如果数量继续增加的话，那么信息就无法进入人脑了——这是我在咨询公司第一年内学到的铁律。即便你所在公司下设数量众多的大部门，而作为首席执行官的你能够实际管理的下属人数也就是这种程度。

最近在进行管理团队评审时，某位首席执行官的汇报框架中包含的组织图，其数量居然超过了12个。当时，董事会成员就提醒他说："你是如何做到对这么多人进行意见反馈的？"

用简短的语言进行准确反馈

培养你的统合能力

反馈被认为是衡量咨询顾问综合技能的最佳方法。在成为分析师的基本培训中，有一个环节就是要锻炼解决问题的思维方式。我们在一步一步追根溯源之后便将分析结果统筹起来——这就是所谓的"统合能力"。

这种能力主要表现为能够用寥寥数字或短小精悍的语言准确描述事实（总结想法的能力）。 在业务项目中描述意义的时候，人们会非常重视这种能力。在进行意见反馈的时候，经理级别以上的人也会非常认真地关注该能力。

如果是熟练掌握该技能的人提出了反馈意见，那么该意见会具备以下特征：容易理解和构想；提出的行动是有意义的；对长期成长有很大影响。

特别是正式的意见反馈，既要在有限的时间内进行，也必然会涉及文档书写的环节，所以这种统合能力就显得尤为重要。

如何应对不断要求你做出说明的人

假设你遇到一个叫"小J"的人，他不会承认自己会在任务中犯错，除非你清楚细致地指出错误所在。此时，如果你只是单纯告诉他哪一部分做错了是远远不够的，因为他会不停地追问："哦？是吗？哪里做错了呢？请您解释得再细致一些吧！"他就像是上小学时遇到的那种顽皮学生一样，追问自己错在哪里的样子不禁会让人想起"几点几分地球转了几圈"这句歌词。

最终，如果他自己不能意识到错误所在或者不能被对方说服的话，就断然不会承认错误。这类人不擅长接受别人的批评意见，且头脑异常顽固。无论对方提出任何反馈意见，他都会要求对方做出繁杂冗长的说明，甚至还会死缠烂打地要求对方拿出证据，并结合反馈内容出现的各种客观因素来质疑反馈意见的合理性。当他最终意识到自己错误之后，也会说一句："那就没办法了，勉为其难地接受你的反馈意见吧！"遇到这种人时，你会如何应对呢？

因为我不可能给他解释那么多，所以我必须认真观察并分析这个人的反应。他为什么会做出这样的举动呢？恐怕是因为他的自尊心很强吧。

但是，如果你给他提出"你的自尊心太强了"这种反馈意见的话，就会因为掺杂过多主观因素而导致无法顺利展开讨论。因此，我们必须灵活地转换说法，采用"防御性的、反应过激的、自我保护的、自我辩解的、情绪化的、不成熟的"等表达方式来代替"自尊心太强"的表述。

如果是我的话，我会对他说："小J，你没有从大局出发考虑事情，你的观点和做法是狭隘的。"因为在我看来，越是无法把握全局的人越无法从第三方的角度来看待自己。换言之，正因为他不能站在第三方的角度来看待问题，所以也就无法认识到自己的错误。

接下来，我会给他举一些具有冲击力的事实依据，并就其中一两种情况进行说明。如果他能根据我的意见就此采取行动的话，一定会对自身成长产生巨大的影响。

让统合能力发挥作用的反馈诀窍

我建议大家不仅要注意书面表达的质量，而且也要注重口头表述的质量，尤其是在进行正式的意见反馈之时。因此，我准备为大家介绍一些相关要点，希望能在口头表达和书面表达两方面为大家提供一些有价值的参考。

不要特意加入任何开场白或前提说明

我们要采取的立场是双方都已然了解相关状况。例如，我们要尽可能避免对下属说"我知道你一直很努力……你也不存在什么突出的缺点,但硬要说的话……我也知道这次情况比较特殊"这类充满同情之感的话。

虽然这是一种考虑到对方心情的表达方式,但在商务活动中,尤其是进行意见反馈的时候,我们要充分运用统合能力及语言组织能力并单刀直入地说出自身想法,而不应该说这些过于冗长的开场白(引子)。这样一来,我们的表达方式会显得更加干净利落,事后心情也会很好。

顺便说一下,如果你今后能够在晚餐或饮酒时进行这种如下"情景对话"的话,会取得更好的效果。例如,"这是一个非常艰难的项目啊……你的一些离谱行为让我太为难了啊……"等。如果你能趁此时机向对方略微透露出你已然了解相关现状的话,就能一下子拉近你们的关系。

已经反馈过的意见不要(换个说法)再说第二次

在意见反馈的过程中,最容易出现的情况是同一件事情反复述说多次。我们一定要避免出现这种情况。当我们发现对方身上存在某个问题时,要准备好一两个事例,然后利用这些事例全力以赴地引导对方意识到问题的存在。同时一下子记住好几件事情是非常困难的,并且反复述说类似的内容会让你的话失去可信度。如果你想要传达的多个概念或内容之间是相互联系的,那么你在讲话时就要明确它们之间的关联性,并把这些概念移入同一个范围内。这才是统合能力的妙趣所在。

在同对方沟通之前,准备几种备选的表达方式

同样以上文中的"小J"为例。我们在理解了问题存在的现

状之后，就会尝试探究根本原因，此时需要我们提前准备几个关于"为什么"的表达方式。之后，我们可以从提前准备好的措辞中选择一种，也可以随机应变地推想出更准确的表达方式。总之，我们要先把想说的内容摆在桌面上，然后再对沟通方式进行修改完善——这是惯用的手段。

结尾处不要说太多

不要加入任何无关的夸奖或跟进之语，也不要留下任何奇怪的余味让对方琢磨。这里希望大家注意的是，绝不能使自己的反馈意见变得含混不清，也绝不能无端轻视它。特别是在正式的意见反馈场合中，你可能要谈及一些细腻的、沉重的抑或是不擅长的内容及将来的目标等，此时作为领导的你一定要重视自己的话给员工们留下多少印象。最好是减少话语量，不要说得太多。

反馈意见是不要说与对方无关的人或事

在利用榜样力量激发对方的时候，一定要选择一位对方能够清楚理解或认可的人。毕竟，每个人尊敬的对象可能不同，尊敬的地方也可能完全相反。此时，讨论榜样的正确性是没有任何意义的，因此最好的方法是避免使用所谓的"榜样"来激励对方，除非这位榜样人物已经明确地获得所有人的认可。

顺便说一下，我们在提出反馈意见的时候要尽量避免使用"要像公司里的某某某那样"之类的说话方式。我坚信，只有能够激励员工们与自己的潜力做斗争，朝着自己应有的理想姿态前进的反馈意见才是真正有效的。

检查列表2

你或者你的公司具备怎样的正式反馈能力呢？

我在本章为大家介绍了组织内经常使用的正式意见反馈法。请大家参考这些内容回答下面的12个问题。这将有助于我们确定应该优化的机制及应当发展的技能。

1. 你会在某一项目结束后、某一目标达成后或者一年一次定期进行正式的意见反馈吗？

⑤ ④ ③ ② ①（以下同）

向来如此　　　　　　　从未如此/感觉太麻烦了

2. 你会事先同下属分享你的反馈要点吗？

⑤ ④ ③ ② ①

向来如此　　　　　　　从未如此/感觉太麻烦了

3. 你有没有将"成长型反馈"与"评价型反馈"区别开来？

⑤ ④ ③ ② ①

向来如此　　　　　　　从未如此/感觉太麻烦了

4. 你在反馈意见的过程中有没有使用评价表等媒介，并且表格中的项目要同组织需要的技能和人才相关？

⑤————④————③————②————①
向来如此   从未如此/感觉太麻烦了

5. 你能根据公司需要的人才标准来判断哪些是核心的反馈项目吗？

⑤————④————③————②————①
一直可以   全然不行/感觉太麻烦了

6. 你能够同对方谈论必要的深刻内容或敏感话题吗？

⑤————④————③————②————①
一直可以   全然不行/感觉太麻烦了

7. 你会写一封正式的意见反馈信件给员工们吗？

⑤————④————③————②————①
向来如此   从未如此/感觉太麻烦了

8. 你有没有自始至终都在使用双方都能理解的表达方式？

⑤————④————③————②————①
向来如此   从未如此/感觉太麻烦了

9. 你有没有按照一定标准来选择进行意见反馈的场所及环境，而并非根据员工的表现优劣来选择？

⑤————④————③————②————①
向来如此   从未如此/感觉太麻烦了

10. 你能在提出反馈意见之后适度跟进吗？

⑤ ———— ④ ———— ③ ———— ② ———— ①

一直可以　　　　　　　　　　全然不行/感觉太麻烦了

11. 你有没有下功夫让自己的语言表述更加简短明了（统合能力）？

⑤ ———— ④ ———— ③ ———— ② ———— ①

一直在练习　　　　　　　　　从来不练习/感觉太麻烦了

12. 你相信通过正式机制来进行高质量的意见反馈可以使得领导、团队或整个组织都获得更加快速的成长吗？

⑤ ———— ④ ———— ③ ———— ② ———— ①

全然相信　　　　　　　　　　全然不信

当你回答完这些问题后尝试给自己打分。得分结果如何？有没有达到60分呢？如果有机会的话，你可以尝试与其他同等级别的管理者或领导进行交流，也可以同负责人事工作的人员一起进行反思回顾。

第五章 提高反馈意见的精准度

> 生命可以归结为一种简单的选择：要么忙于生存，要么赶着去死。
>
> ——电影《肖申克的救赎》经典台词

如何才能进一步提高自身的领导能力？

我们只有提供高质量的反馈意见，才能促使员工们改善自己的工作表现。这是一个值得提出的重要目标。那么，提出高质量的反馈意见究竟能够带来哪些有益之处呢？能够提供高质量反馈意见的人必定具备以下特征：

- ★ 得到上司的信任
- ★ 受到下属的尊重（有一定数量的追随者）
- ★ 作为一个有能力的人始终被他人需要
- ★ 观察能力很强
- ★ 具备积极倾听的能力
- ★ 能够敏锐地捕捉到他人的情绪变化
- ★ 了解他人的优势和劣势所在，并能够给予适当指导
- ★ 能够给身边的员工设定高标准目标或要求
- ★ 能够轻松地管理一个团队
- ★ 能够将棘手工作委派于下属，并指导其将效率和产出提高数倍
- ★ 具备很高的情商，如共感力、影响力、统率力和想象力等
- ★ 避免出现时间浪费，也会减少无用的闲聊
- ★ 为公司的反馈文化做出贡献
- ★ 具备促使他人发展自身长处的能力
- ★ 建立了一支高潜力（发展空间巨大）的团队

通过学习如何给予高质量的反馈意见，你不仅可以磨炼自身的领导能力，还可以锻炼其他的各种能力。

那么，这样的人与普通人相比究竟有哪些不同之处呢？

他们到底具备哪些特征会让你产生这样的感觉呢？

在这里，我为大家整理了这些人的主要特征：

★ 遇事沉着冷静
★ 认真听取他人的意见，并努力达成共识
★ 注重措辞，解释问题颇具说服力
★ 与人交流时，话题具有一贯性
★ 以反馈意见为基，明确地告诉对方接下来应该做什么
★ 告诉对方应有的理想姿态，但也会考虑到差距
★ 不会一次性把所有的意见全部说完，而是在分清轻重缓急的情况下把握时机，逐步推进
★ 了解工作中的重点内容
★ 会为你的未来职业和发展前景考虑
★ 最后，你能从他们的话语中感受浓浓的善意和关心

在本章中，我们将深入探讨如何提出更为精准的反馈意见，从而促使你成为人人都渴望变成的理想领导者。

成为意见反馈达人

难以进行常规反馈的情况

这是一件发生在我被中途分配至某项目之后的事情。当时原

本就已经参与该项目的成员T1成了我的下属。奇怪的是,他从一开始就口无遮拦、不讲规矩,并且倔强不好惹。此外,他还擅长奇妙地避开我交给他去做的工作。简单地说,我从一开始就完全被他轻视了。

然而,别人对他的评价却是能够熟练自如且迅速地完成工作。并且,与对我的态度截然不同,他在同客户交流时显得恭恭敬敬,彬彬有礼。从第一天开始,我就陷入了一种"缺氧"状态,觉得这太难以让人接受了。但很快我又转念一想,犹豫着自己是不是主动退让一步,给他提出反馈意见呢?

作为上司的我比他年轻3岁,且是中层管理人员。除此之外,我进入公司的时间不长,参与项目的时间也晚了两三周。在这种情况下,要想掌握所有的内容及状况就必须紧追慢赶。当时的情况真的很复杂啊!

如果换作你的话,你会如何去做呢?你会提出怎样的反馈意见呢?会在什么时候提出反馈意见?又会让哪些人参与到此次意见反馈的活动之中?或者你认为该不该提出反馈意见呢?

影响范围是有限的

当情况变得复杂、不稳定且伴有情绪化因素时,我们必须理性冷静地应对。

然而,我也曾在这个问题上吃了很多苦头。主要原因有:错误地判断反馈时机而直截了当地提出意见、没有对要提出的反馈意见进行深入分析及分类、对是否必须要向对方提出反馈意见做出错误判断、过于相信别人的评价而没有以自己的眼光做出决断，等等。在经历了各种各样体验之后，我把向对方提出反馈意见的行为分解成几大要素（见表10）。

表10　反馈意见的组成要素

同对方的关系	过去的工作成果及经验	×	过去曾一起工作过的人（熟人），即便是在工作之余也会通过其他渠道保持日常联系等
	眼下的共有时间	○	意见反馈也需要关键数据点，因此可以衡量可信度
反馈意见内容中的定性部分	内容	○	探寻事物本质的过程简单明了，实践方法能够落实到位
	传达方式	○	使用"反馈环"等方法，给对方留下深刻的印象
反馈意见内容中的定量部分	绝对量与频率	○	在某种程度上制定一定的规则。例如，针对每个问题只进行一次意见反馈；每次谈话最多涉及3个问题等
	时机	○	对方会以怎样的心理状态来应对呢？是否会干扰到项目的进行呢
相互之间的评价	对经历的评价	×	此处正是决定反馈意见分量的环节。这些是构成"因人而异"的要素，与意见接收者的反应有很大关联性
	头衔与地位	×	
	年龄	×	
工作的最终结果		○	这个结果将决定中长期内反馈意见的可信度。项目的结果会改变人们的想法。要以客观和超然的态度来谈论个人的贡献是非常困难的

特别是在复杂的情况下，这将能够帮助你判断究竟哪一部分阻碍了反馈意见的有效性以及应该聚焦哪些方面来提出反馈

意见，甚至还可以帮助我们判断究竟该不该提出反馈意见。如果能够达到上述效果，我将不胜欣喜。事实上，我们在提出反馈意见的时候，最好从多个不同的角度来考虑反馈意见的有效性。

我们应该从哪里着手提出反馈意见呢？

那么，接下来让我们按照从上往下的顺序来分析一下表9吧。

同对方的关系。这里的关系指的是双方在过去的工作实践经历及现行项目之中的交往。

反馈意见内容中的定性部分。这主要指的反馈环所涵盖所有内容（尊重事实基础及传达自身感情）和传达方法。

反馈意见内容中的定量部分。并非反馈的频率越高、数量越多，效果就越好，重点是要有的放矢。我们要把握好时机这一关键要素，同时还应当关注对方的精神状态和自己的精神状态（避免情绪激动的状况出现）。同时，提出反馈意见要趁热打铁，这也是铁律之一。

接下来是相互之间的评价。这个要素最适合上述的那个案例。这里所说的"评价"大部分都指的是基于以往经验的外部评价——它可以是称号、地位或职务，甚至是一个人的年龄资历。遗憾的是，这些古板想法和概念很难用一般的方法来解决。

我们可以把图中的○和×理解成为用来表示自己今后提出反馈意见难易程度的一种标志。如果在进行意见反馈的过程中遇到了困难，那么你就对阻碍意见反馈的领域进行深入研究。

反馈也是如此，就像谚语"结果好，一切就都好"所说的那样，你说话的语气和所述内容会对意见反馈的最终结果产生巨大的影响，这一点希望大家能够牢记。

在我看来，所有这些因素都错综复杂地交织在一起共同影响着意见反馈的准确性。如果你在提出反馈意见时发现进展得并不顺利，请务必参看表10来回顾、反省自己的反馈行为。

另外，如果标注×的部分成了导致意见反馈不畅的原因，那么想要解决这一障碍就变得相当棘手了。在本章中，我也会为大家介绍应对这种情况的方法。

要把握可为和不可为事情之间的界限

能够马上见效和不能马上见效的方法

要想知道如何才能提高意见反馈的准确度，就必须要知道它在哪些方面会发挥效力。这样你才能在面对对方时，毅然决然地提出反馈意见。

假设员工GT的报告写得非常粗糙，并且经常出现很多的简单错误，如果我们能够就此问题给他提出反馈意见的话，想必他会有很大的改进空间。但反过来，如果员工GT的缺点是不到提交最后一天就不开始着手写报告，甚至有偷懒习惯的话，那么情况就很难得到改善了。

我将能够出现反馈效果的情况和很难出现反馈效果的情况总结成表11。

表 11　容易出现反馈效果的情况和很难出现反馈效果的情况

○容易出现反馈效果	×很难出现反馈效果
技术	思维方法
工作技巧	价值观
生产效率	习惯·癖好
时间管理	性格
知识	态度·思想

老实说，在员工TI的例子中，我遇到的都是一些复杂且难以引起变化的状况。首先是态度和思想方面（对上司说话不礼貌），其次是价值观方面（充满孩子气的幼稚想法），最后是性格方面（看不起人）。

无论是针对哪一方面提出反馈意见都无法获得立竿见影的效果。

就反馈的准确性而言，技术、工作技巧、生产效率、时间管理和知识等方面是我们要把握的关键要素。

相反，意见反馈最难发挥作用的部分是与人的性格能力相关的深层领域。如果我们只进行一次意见反馈的话，那么只能让对方在形式上得到改善。如果想要从深层次改变对方，就必须增加其他的指导方法。

相同的反馈意见只提出一次，不要啰里啰唆地重复

在提出反馈意见的时候，需要我们牢记的重要一点就是——同样的反馈意见只能提出一次。如果我们再三地给对方提出同样的反馈意见，那么这种行为就不能被称为"意见反馈"了。特别

是即便我们面对上文中所提到的员工TI那种情况，也只能提出一次反馈意见。因为我们在进行意见反馈时必须考虑到重复反馈可能会招致关系恶化或感情冲突等负面因素出现。

最理想的状态是人们通过工作学习来了解自身的不足之处，而反馈意见就像是检查清单一样把这些不足之处逐一列举出来。

假设某人身上存在十余个缺点，那么从他作为实习的新员工开始直至成为具有领导能力的老手为止，他必须要改进那些不足之处。虽然一个人的缺点越少越好，但更重要的是双方要在意见反馈这一问题上保持相同的心态。这样一来，每次的反馈意见都具有不一样的分量，对方也会慎重把握每一次的自身成长机会。

谈及意见反馈规则时，我认为第一点就是要告诉对方："就该问题，我只会提出一次反馈意见，所以你不用担心我会像别人那样针对难以改正的问题多次提出相同的反馈意见。"

认真考虑并确定对方是否真的需要反馈意见

我们并非可以随心所欲地提出反馈意见

有些人总是想把自己的意见强加于对方，但是他们却忘记认真考虑并确定对方是否真的需要反馈意见。特别是那些喜欢给别人提出意见建议的"热心人士"更要注意这一点。因为他们本来是出于好心才去提出反馈意见，结果却往往适得其反。

提出反馈意见的主要目的只有两个：一个是夸奖对方；另一个则是要求对方改进不足之处。而几乎所有的反馈意见基本都属于后者。正因为如此，我们需要斟酌提出的反馈意见究竟是不是自己的真实心声并且是否真的对对方有利。

如今，生存于职场之中总是面临着被贴上"职权骚扰"标签的风险，所以我们要更加重视意见反馈的必要性。因为对方总是会认真且敏感地对待你提出的反馈意见。接下来我给大家举几个例子吧。其中，你会在哪种情况下提出反馈意见呢？

1. 前文中所提到的员工GT不到提交的最后一天就不开始着手写报告，甚至有偷懒习惯；

2. 从员工TI的态度、价值观、性格及相关言行上来看，他总是认为个别事例都是一些微不足道的小事；

3. 公司导入了灵活工作的时间管理制度，而你自己属于早睡早起的作息方式，所以你想要消除在深夜发送工作邮件或者在深夜开展团队工作的状况或倾向；

4. 客户提出投诉意见说某员工的态度有问题。具体来说，就是该员工在说话时夸夸其谈且不停地绕圈子，迟迟不肯进入正题。

你所提出的反馈意见究竟是不是自己的真实心声呢

提出反馈意见的难点就在于我们必须要弄清楚对方究竟是真的实际需要这个意见，还是我们自己的一厢情愿。在上述四种场景中，我认为只有最后一种情况才切实需要我们提出相应的反馈意见。如果换作我的话，我只会在第四种情况下才提出反馈意见。当我面对第一种情况时与其提出反馈意见，不如对其进行早期检查流程以谋求对方进行自我改善。而第二种情况涉及的则是难以通过意见反馈来解决的问题，所以我认为应当考虑其他的方法。而面对第三种情况提出的个人意愿与其说是一种针对个人的反馈意见，不如说是一种相互沟通或对话。

在你认为需要提出反馈意见的时候，你可以按照下述问题迅速进行一次反思。

★ 你仅仅是基于自己的爱好（嗜好）或习惯来提出反馈意见的吗
★ 你是否已经确定了该反馈意见与工作表现或成果的直接关系呢
★ 你是否确信对方在听取反馈意见后所做出的改善一定会产生明确的效果

我们提出的反馈意见一般都会涉及比较敏感的事情，所以当我们就是否要提出反馈意见感到不安或迷茫的时候，最好的方法是要询问别人的看法。

另外，在上文中提到的员工GT写报告事例中，我们不能不假思索地就认为直到提交的最后一天才开始着手写报告一定是件坏事。如果员工GT真的能够写出优秀的报告，我们不妨考虑一下这可能是员工GT的行事风格吧！你也可以试着想一想周围的人，他们完成的报告虽然质量很高，但他们并非赶在期限前才开始着手写报告的。这样一来更凸显出员工GT的能力之强和过人之处。

当然这也有一定限度和界限。比如某位员工在提交日的前几个小时才开始着手写报告的话，那么他极有可能不会写出质量优良的报告。此时，我们可以针对这种"不切合实际"的做法或状况提出自己的反馈意见。

然而，面对难以确定因果关系的事情时，理想的做法是要认真观察并思考一段时间后再进行反馈或者尽可能少地提出反馈意见。即使情况并非如此，我们也可以通过这种方法对堆积如山的反馈主题进行筛选。

专栏

帕金森定律
—— 为了不浪费时间

你知道帕金森定律吗？

关于这类现象的观察结果最早出现在1955年的《经济学家》杂志上，之后便在商界引起了轰动。以上文中提到的员工GT写报告的事情为例，我们不能不假思索地就认为直到提交的最后一天才开始着手写报告一定是件坏事，相反，有时她反而成了证明一个人具有高超能力的反向证明材料。

这一定律的主要含义是**只要还有时间，工作就会不断扩展，直到用完所有的时间**。换句话说，一旦工作起来就开始没完没了地给自己添加许多无关的任务，以期做到面面俱到。大家最容易想到的例子就是"调查研究"。请想象如下两种情景：①你被要求在紧迫的3个小时内就必须做完调查研究并得出结论；②你有2天的时间可以慢慢地做调查研究。

如果你有2天的时间，首先会尽可能通过关键词和搜索引擎来收集相关文章并至少要阅读10篇文献,之后还要对文献内容和要点进行整理等,总之你会设定种种规则和程序来滥用时间。

但如果你只有3个小时,你更有可能会从询问专家开始着手,之后根据确定的调查项目列表去进行调查。这样一来,你就能在短时间内完成工作。而真正有建设性意义的、有成效的结果可能就诞生于这短短的3小时内。

当然,因为我们没有特别设定研究量,所以不能一概而论。但正因为如此,我们更需要在细致地追踪工作成果(对照客户要求的基准,或者确认其是否具有一定的价值)的同时来设定阶段性目标。在咨询公司或投资银行工作过的人都会切身去体会并学习这一定律。

提出反馈意见前的几分钟尤为重要

如何使用正念减压法去沟通

通常情况下,你是如何提出反馈意见的呢?

★ 要进行5分钟的闲聊谈话吗?还是从一开始就直接进入正题呢
★ 你会让对方说话吗?还是一直靠自己说话来活跃气氛呢
★ 你会让对方产生紧张感吗?抑或是试图让他们放松自己呢

有一次,我去美国出差的时候,在某个活动中学习了正念减压法。一进入会场就看到有好几个隔间,你可以任意地选择房间。根据主题的不同,我选择了面向初学者开设的学习教室。

房间的中心位置上站着一位身材高大的光头女性,她的周围摆放着20张左右的椅子。另外,在地板上摆着一些类似瑜伽垫的东西,它们被摆放成一个大大的圆形。

1分钟后,她开始平静地说话。

"请闭上眼睛,深呼吸3次。然后集中精力关注于你的呼吸,之后将注意力转移至每天都会产生的身体疲劳上。如果出现身体疼痛或任何不舒服的感觉,请将关注点停留在此处。一旦停留在那里,不要对感觉进行判断,而是要对它进行观察和再观察。从局外人的角度出发,以发散的方式去联想自己是如何产生这种疼痛或不适感的。"

大概经过5分钟之后,大家一齐睁开了眼睛。但不知为何,就觉得那些根本就不认识的人忽然变得非常亲近。这难道是因为我们一起经历了什么不可思议的事情吗?

确认对方的心理状态

反馈亦是如此。最开始的几分钟是试探对方状态的绝好机会。你可以试着向对方提出很多问题,比如"你最近感觉压力很大吗""在工作中遇到什么心事了吗"或者"在新的一周开始之际,你是否能够振作精神、活力满满呢"等。对方如何回答并不重要,关键是我们要通过这种形式来确认对方(对你试图向他传达的信息)是否有倾听的意愿。

如果你察觉到对方此时并非处于从容和平稳的心态,而你对他说话就像对牛弹琴,那么你就要把反馈意见留待下次再提出。**固执地思考该如何才能打开与对方沟通的话题并不重要,重要的是我们要考虑该如何适应对方的心理状态来让对方乖乖地听取我**

们的反馈意见。"反馈环"的步骤3中主要涉及的就是融入情感说明的敏感性内容。为了有效地把自身想法传达给对方，一定程度上会运用到这种正念减压法。

不要过度强迫对方

实际上，我在提出反馈意见的时候最注意的是保持平常心。无论自己给对方提出怎样的意见，也无论对方如何反驳我的观点，我都会注意用同样的语气来与他沟通。因为只有当双方的波长相同时，反馈意见才能够发挥巨大的效力。

例如，开门见山地直接询问对方"昨天睡得好吗"是一种有效的话题展开方式。睡眠质量的好坏决定了对方日常表现的好坏，而我们可以通过睡眠质量来了解对方的状态。当我们开口问"最近身体怎么样"的时候就会把对方的注意力吸引到人们最担心的健康问题之上，这样就很容易引导对方进入意见反馈的情境之中。

当然，我们直接询问对方"我想提出一些反馈意见，不知道你什么时候方便"也不失为一种好的方法。我们不能一意孤行地硬要提出反馈意见，而是要在双方的波长合适之时再去做——这样的心态是最好的。另外，我们也要按照自己的想法给想要传达的反馈意见设置一定的期限。

然而，我们绝对不能根据对方的状态来改变反馈意见的内容。你必须要时刻检查并确保反馈内容是固定不变的。对于已经准备好的两三个重要反馈事项，我们要原封不动地、原原本本地传达给对方。如果很难做到的话，就请判断是否需要借助其他的方法。

很多时候，我们为了逃避尴尬性反馈意见所带有的尴尬性，会对想要传达的信息进行简化。但这样一来，你的一番好意就会被破坏，而你的出发点也不再是"为对方着想"了。为了避免出现这种情况，一定要牢牢把握提出反馈意见前的几分钟。

消除意见反馈中的分歧

用事实来了解对方

人们常常因为不能相互理解而发生争吵。为了避免出现主张上的冲突，我们不能只把目光停留在自己看到的事实之上，而是要关注于双方都认可的事实。

要想达到这种效果，方法其实很简单。在提出反馈意见的时候，要把对方是如何想的清楚地描述出来。

例如，你发现在开会时员工KF不断地看手机，而客户此时也投来了不自然的目光。虽然客户什么也没有说，但你一眼就看出来客户已然不悦。

此时，你需要提醒员工KF。在提出反馈意见的时候，你可以趁机说明这一点。果然不出所料，他回应说自己只是看了一眼工作邮件，连重要的工作邮件都没有打开便立即停止了这一行为。对他来说，因为这种小事而被上司提醒令他觉得是很不可思议的事情。

而此时正是罗列事实的好机会。但虽说是事实，毕竟这只是个人观察的结果，所以我们不能做出100%的断定。话虽如此，你也要底气十足地告诉对方呈现出来的事实的确如此。试图交换并磨合双方的不同见解后再退出意见反馈与直接马马虎虎地结束意见反馈，对以后的影响是不一样的。

　　此时就需要双方拿出积累的事实依据来佐证自己的观点。重要的是，我们要努力回想在第二章中介绍的"反馈环"相关内容，并说明此种行为会给自己和别人带来怎样的消极影响。即使是同样的事实，我们也可以通过"这是我的看法"或"这是我的感受"此类的表达方式来增加说服力。

　　当然，有时最终也会无法达成共识。但即便如此，我们也要尽一切可能来避免意见分歧的出现。换言之，我们已经尽可能地接近彼此提出的事实依据，并更加贴近彼此了。我认为这才是最理想且最有效的方式。请记住，即使我们在讨论中无法找到妥协点也不要放弃，因为只要努力就一定能够更好地发挥意见反馈的效果。

通过"5Why分析法"来调和认知上的偏差

　　在进行意见反馈的时候，保持轻松愉悦的消遣之心也非常重要。我认为越是严肃认真且深刻的反馈意见，越需要我们稍微花点儿心思来将其呈现出来。

　　"5Why分析法"是解决问题的方法之一。通常，在解决问题的过程中，"5Why"经常被用来查明问题出现的原因。例如，当某公司的业绩没有达到所设定的目标时，我们可以通过"5Why"来找出业绩低迷的真正原因。通过多次追问"为什么"来努力找到更接近事实真相的答案。

　　因此在提出反馈意见的时候，查明原因是非常重要的。就上个事例而言，在员工KF开会时看手机的问题上，你和KF的认识已经出现了明显的偏差。接下来，我们尝试探讨一下在员工KF

产生"为这么点儿小事儿就提醒我,太不可思议了"的感觉背后隐藏的原因。

为什么他会在开会的时候看手机呢?虽然KF平时也会在意细节,但对于他来说,或许开会时看手机并没有什么恶意,也不是一种不妥当的行为吧。

那么,**为什么**他不觉得这种行为不妥当呢?那或许是因为他的确没有做其他无关的工作。那么,**为什么**不做其他无关工作就可以认为自己没有违反礼仪规矩呢?在会议中看手机的行为本来就会分散自身的注意力,所以我们就此来讨论违反会议规则的话题也不奇怪吧?甚至要说得更直白一点,这种行为就是一种缺乏专业素养的表现。这就会导致公司失去了品牌信赖,而自己也失去了自身信用。

我们要不断地重复"这并非小事",或许员工KF就可以明白自己的问题所在了。

通过"5Why分析法"探究现状迟迟不能得以改善的原因

"5Why分析法"还可以在另外一种情况下发挥特殊的作用。这种情况指的就是即使对方根据你提出的反馈意见采取了正确的行动却仍然无法改善现状的时候。关于这一点我曾经在第二章中稍做提及。

例如,假设对方经常在报告中出现疏忽性错误的状况最终得不到改善。这其实是实际发生过的事情。之后,在不断重复"为什么"的过程中,我发现原因在于他总是习惯在最后一刻才把报告(或成果)勉强交到上司那里。此时,"读两遍""打印出来""画红线""大声朗读一遍"等各种各样（像贴创可贴一样）的临时解决方法都只是权宜之计。对于这种人来说，最好的办法是让他能够"提前一天结束（完成报告）"，然后舒舒服服地睡一晚上。等到第二天，他便以头脑清晰的状态来检查报告，这样就能大幅减少失误。

如果你在提出反馈意见时贸然半途而废的话，就无法给对方指引有效解决问题的方向。这对双方来说都是在浪费彼此的时间。我建议大家在以后的工作中遇到此类状况时一定记得要探寻问题出现的真正原因。

给"问题员工"提出反馈意见

把握自己的倾向性

最近，一位工作上的熟人对我提出反馈意见说："周作，你不太能完全认清'问题员工'啊。"由于他说的话过于辛辣严厉，所以我一开始还有些生气。但那天晚上我回头一想，出乎意料地发现他说的话有一定的道理。

我这个人的一大缺点就是过于相信别人。即使我觉得这个人可能做不到（某项任务等），仍然会给他尝试的机会。但反过来说，有时也会高估那个人。那么，我为什么要这么做呢？

在对方给我提出反馈意见之后，我认真地思考了一下原因。说得好听点，是因为我曾经完成了许多自己压根觉得无法做到的事情，所以在我的认知中，我会觉得只要努力就没有办不成的事。这种想法可以用"虽然做不到→但是一直相信自己能够做到→付诸努力→真的做到了"这样的连锁式反应表现出来。在我看来，人会随着环境的变化而变好或变坏，而每个人的身上都蕴藏着无限的可能性。

说得难听点，从小时候起，每当我做错事的时候，父母就会严重指出我的"缺点"，说我太粗心大意、丢三落四等。长大后，这可能就变成了我的一种情结。我不会盯着别人的缺点不放。究其原因是我不想被人讨厌，并且我觉得这应该是每个人都有的想法，而非我自身独特的个性。

但是，我把前面提到的两个"自己"混淆在一起了，最终的结果就是我对自己的要求越来越高，而对别人的要求越来越低。

我在意识到这一点后，开始思考如何与"问题员工"接触。顺带提一句，为了保险起见，我们在聘用团队成员时一定要认真研判那个人的能力。

何为"问题员工"

前几天，在另一家咨询公司就职的学弟和我抱怨说，他现在正在为某位团队成员的表现和工作成效苦恼不已。这名团队成员会在开会的过程中打瞌睡，交代的工作会忘记一半，工作态度也存在问题，总之是一个"问题员工"。

面对这种情况，学弟说出了自己的想法："这种状态已经持续一年多了，看来只能让他辞职了。"实际上，"问题员工"会遇到各种各样错综复杂的问题。要想一一解开这些难题，就需要花费大量的时间。

我们来看看什么是"问题员工"。下面，我们用"热情和技能"的对比图（见图11）来进行说明。

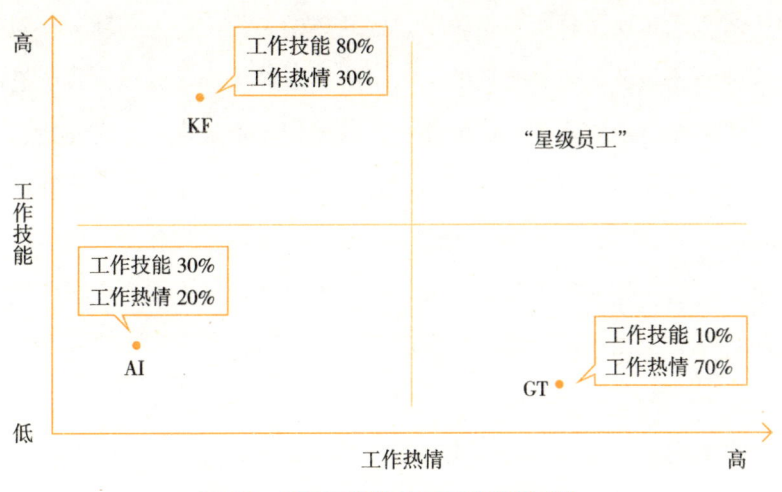

图 11　员工工作热情和工作技能对比

假设你的团队中有这三名员工，分别叫KF、AI和GT。其中，KF的工作能力很强，但对工作缺乏热情。AI既缺乏技能，也缺乏热情。虽然不能一概而论，但感觉AI就像是刚才提到的"问题员工"。GT先生虽然对工作充满热情，但是还没有达到所需的技能水平。

这三个人的表现都不佳，猛然一看都可能被认为是"问题员工"。但是我认为，真正的"问题员工"指的是<u>既缺乏热情又缺乏技能的人</u>。

在这种情况下，我们很难从技能或热情这两大要素中找到解决问题的途径。如果我们从这两方面出发逐一思考员工工作效率低下的根本原因，结果只会是越想越搞不清楚。

通过意见反馈也无法解决问题的情况

"问题员工"更需要接受他人的反馈意见并进行范式转换。

所谓范式转换，其实就是思维方式的转换。无论是工作环境、职业种类还是新上司（此处的上司指的不是你）都可以成为我们进行根本性讨论的话题。话虽如此，我并非要求大家在工作开始三个月或六个月之后便讨论这些问题，而是要分阶段进行。当然，我们也通过意见反馈来促使"问题员工"实现这种转变，但从当事人目前所处的状况和环境来看是很难做到这一点的。在准备期间，作为上司的你需要反问自己：

★ 已经对对方提出了怎样的反馈意见
★ 对方贯彻该反馈意见到何种程度了
★ 有什么起色或改善吗
★ 对个人和公司而言，这样继续下去的好处是什么

如果在充分提出反馈意见的基础上仍然发现后续进展不顺利的话，我们不会为采取更加彻底的对策而感到后悔。大多数情况下，我们向"问题员工"提出反馈意见的时候往往会感到尴尬别扭。对方没有意识到反馈意见的必要性，也没有意识到自己已经处于被淘汰的边缘，所以他们才会在交谈中产生厌恶心理。

然而，如果我们真的是为下属着想，就要心怀培养下属之意并努力把这种真情实意传达给对方——这也是做领导的责任。

给"星级员工"提出反馈意见

该如何对待能干的下属？

毫无疑问，所谓"星级员工"指的是工作业绩优秀的人。在

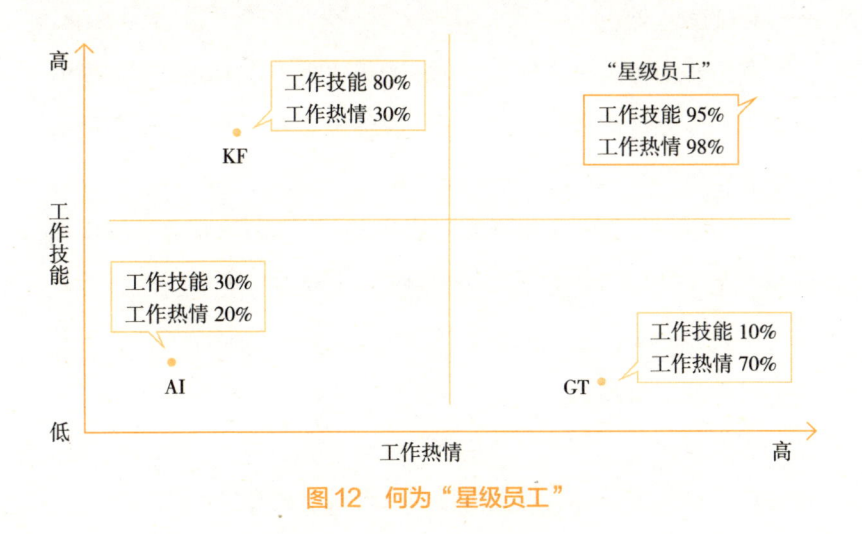

图12中,"星级员工"是位于右上角的人。

```
高
 │
工│      ● KF              "星级员工"
作│   工作技能80%      工作技能95%
技│   工作热情30%      工作热情98%
能│
 │─────────────────┼─────────────────
 │                        
 │   工作技能30%       工作技能10%
 │   工作热情20%       工作热情70%
 │      ● AI              ● GT
低│
 └─────────────工作热情──────────────高
```

图12 何为"星级员工"

　　面对这样的优秀员工,我们可以放手让他们按照自己的想法去做事,以此来提高工作的自由度(和责任感)。当然,这也需要让他们在工作上贯彻"做自己最擅长的事"的原则。

　　但是,遇到这样的人时你到底会提出怎样的反馈意见呢?

　　(1)我什么都不做,因为我没有什么可抱怨的。

　　(2)重视表扬对方(自然而然地就会变成这样)。

　　(3)其实这是我最担心的一个问题。我甚至觉得自己作为一名主管已经受到了威胁。因此,我不会给他提出任何建设性的反馈意见。

　　(4)相反,自己倒是很乐意从对方那里听取反馈意见。

　　我不能把这些问题大声地说出来,因为这会暴露我本身的器量。但作为一名好领导就一定会考虑认真培养这样的下属来让他给公司和团队做出更大的贡献，并在这种想法的驱使下给他提出合理化反馈意见。

器量小的上司只会停留在1或3的想法之上，不会积极地提出反馈意见来促进优秀员工的成长。害怕被对方讨厌的上司会做到按照想法2去做事。

在我自己侥幸走上晋升之路的过程中，也曾多次收到过这种"星级员工"的反馈意见。与此同时，我发现我周围的后辈中也有许多优秀的人，所以我也在思考如何才能让他们保证自己不会被老员工或上司淘汰出局。

我发现，无论是上司还是下属，越是能干的人越渴望得到反馈意见。在这里，我想与大家分享一种很好的意见反馈方法。

每个人都有需要改善的地方

工作能力强的人一般都会发现这样的现象（想必你也会有同样感受）——刚踏入社会的第一年另当别论，但在持续工作几年之后，无论是谁都会以一定的形式把工作的充实感和满足感、周围人的评价和实际工作成果转化为自信。

仔细理解、领会、实践、改正、获得成果是共通的主题。在我看来，具备了学习敏锐性——想要不断快速学习的态度，便预示着你即将成为优秀人才。

但是，如果有能力的人一直得到这样的正面评价，随着年龄的增长，他们就陷入了这种荣耀带来的诅咒之中。这就像"胜利者的诅咒"一样，经常取胜并获得高度评价的人一般都会对消极的反馈意见变得异常敏感。如果你对这些常胜者提出正确反馈意见的话，会取得立竿见影的效果。事实上，他们甚至可能为此感谢你。

　　即使是优秀的人才也一定会有几处需要改善的地方。而且那些深信自己能做到的人，往往会检讨自己在哪些地方做得不足，他们对自身的优缺点洞若观火。我认为他们之所以能够成为优秀人才，就是因为他们很认真地进行了自我评估和自我反省。

　　一开始我们会被这类人的光环所吸引，使这些负面因素被掩盖起来，难以察觉。但如果你仔细观察，他们身上的不足之处就会鲜明地反映出来。顺便提一下，这些需要改进的地方是长期以来困扰他们的难题。

　　以我为例，我是以一种玻璃心的态度来面对反馈意见和责骂的。当别人给我提出反馈意见之时，我很难将其视为"工作层面的意见反馈"，而倾向把它当作"对我的人身攻击"。结果如何呢？针对意见反馈的防卫系统会变得异常敏感，而我则变得更加擅长防守和应答。通过意见反馈，我认识到了忍耐他人批评的重要性。

　　最近的一个例子是我们的团队中来了一位优秀成员。虽然她在工作成果、速度和质量方面都表现得很突出，但在面对高级客户发表意见方面，其能力却远不及其他成员的水平。

　　虽然这不是她必须要完成的任务，但这却是她下一步必须跨越的障碍。在项目开始3天后，我给她指出了这一点。她非常认同我的说法，并陈述了出现这种问题的理由及现在正在尝试改正这一缺陷的方法。

　　面对优秀的成员，我们不需要花费太多的时间去和他们沟通。重要的是我们要**尽早发现并一针见血地指出他们需要改善的**

地方。这样，我们很容易就赢得了对方的信赖和尊敬。

此时，如果你为了凸显差别对待而向他们提出一些新发现或难以说明、难以说服对方的改善点，反而会给工作带来消极的影响。即使你真的注意到什么，也要推迟告知对方的时间——这才是聪明领导的职责。

我们要先打一些安全牌，即指出对方身上存在的一些问题来试探其对待意见反馈的态度。之后，我们再对这些优秀员工们提出反馈意见，这样才能保证之后的进展会比较顺利。

把优势发挥到极致

我要告诉大家的另一点是，"星级员工"最喜欢让自身优势变得更强。如果想要在这个竞争的社会中更上一层楼，就必须增加自身的"优势"。

实际上，现在的年轻优秀员工们自身具备很多优势。但很多时候，他们会因为不知道该拓展哪些优势而感到惶惶不安。与此同时，即便他们不断把那些用处不大的优势发扬光大，也不会对工作进步产生太多的效果。

意见反馈的正确方法应该是：先要向对方说明他在此次项目过程、工作成绩和工作效率等方面的优异表现，然后再逐一论述他们还能继续做些什么以期变得更加优秀。

例如，某人非常擅长写概要。此时，我们先要承认对方的这一长处，之后挑出几篇写得特别好的内容进行比较，然后再找出其中我们认为写得最好的一篇并解释原因，或者向他展示我们在工作中发现的其他优秀概要范例。也许他会表现得很好。

有时候也可以给"星级员工"推荐一些书籍或TED演讲。你可以坦率地向他们提出一些问题，比如"我想增强这方面的优势，你怎么看呢""你每天会做些什么特殊的事情吗"等。

另外，如果他们在这些方面比你领先几步的话，你可以向他们征求一些建设性的反馈意见。

最终检查一下有没有光环效应

归根结底，应对"星级员工"的第一步是要弄清楚对方属于哪一类人，这一点非常重要。如果你高估了对方的能力，那么迟早会后悔的。因此，我们有必要提前了解"光环效应"这个概念。

光环效应是一种认知偏差。通俗来讲，这是一种过于美化对方的现象，也是人们容易犯的简单错误。例如，许多人会因为某位好莱坞的电影明星（如汤姆·克鲁斯、布拉德·皮特等）长得帅，而觉得他一定也很聪明。因为这些人在出演的电影中往往会扮演英明果敢的角色，所以才造就了他们在观众内心的这种印象。

另外，一些折扣超市（如美国沃尔玛等）在商业活动中会以其他超市无可比拟的低廉价格来出售部分产品，以便让人觉得他们所有的产品都是以超低价格在销售。消费者被这种偏见所迷惑，最终会购买很多商品，但实际上并非所有产品都是一律降价的。

为了在评价他人时不受到光环效应的影响，最重要的一点就是不能过度参考他人的积极评价和以往的考核结果。这听起来的确有些困难。我们在对这些人进行尽职调查的时候可以参考这些要素，在项目成立或团队编制完成之际要把过去的一切评价全部归零，这样才会取得更大的工作成绩。

宫崎骏导演的杰作《幽灵公主》是我最喜爱的动漫之一。其中，女祭司希婆婆在去阿西达卡旅行之前说过的一句台词就是"要用不被蒙蔽的双眼去判断"。现在想想，的确如此啊！

精准反馈的影响力

为进一步促进对方成长，我们需要再加把劲

最近我和一位在麦肯锡公司工作时认识的朋友在东京虎之门附近的一家鲷鱼饭餐厅共进晚餐。他以前是公司的大股东，现在作为个人咨询顾问活跃于各个领域。他同行业内很多高管级别的成员关系甚好，甚至可以直呼对方姓名。而且，他见过很多领导。

他说："一个好的首席执行官与一个差的首席执行官、一个好的业务单元负责人和一个差的业务单元负责人、一个好的经理和一个差的经理、一个好的商人和一个差的商人之间，最大区别就在于是否掌握了影响他人的技能。"所有职位都有一个共同的课题，那就是"如何通过沟通引导对方"。

你知道有多少种不同类型的影响技巧吗？在我学习该技巧的地方，它被正式称为"影响力杠杆"。如果你不能灵活运用它，或者让它在你的脑海中沉睡，那么你就会错过一个获得巨大优势的机会。

增强影响力的"七大杠杆"

影响力杠杆可以根据其工作方式分为积极杠杆和消极杠杆两类。从要求对方做出改变这一层含义上来讲两者是一样的，所以使用积极杠杆的情况自然更常见也更容易一些。下面是两类杠杆的具体内容。

积极的影响力杠杆：

（1）权威：地位、名誉、权力。

（2）移情：共感力、共情。

（3）逻辑：所有的逻辑思维。

（4）同伴情谊：同伴意识、圈子、和谐。

（5）奖励：精神奖励、物质奖励。

（6）榜样楷模：以身作则。

消极的影响力杠杆：

（7）威胁：恐吓、胁迫。

除此之外，影响力杠杆的内容还有很多。在这里，我选择的是对职场意见反馈具有重要意义的部分。另外非常重要的一点是，我们要了解使用哪些杠杆以及何时使用这些杠杆才能以最佳方式进行沟通。

大多数人一看到这个影响力杠杆（见表12），就会意识到自己一直以来都是有失偏颇的。通常情况下，他们会选择使用一两种影响力杠杆来进行意见反馈。另外，说到意见反馈，有的人会默认它只能以"逻辑"的形式存在。但是，如果你想要进行真正有效的意见反馈，就必须运用更多的影响力杠杆。

表12 影响力的"七大杠杆"

1	2	3	4	5	6	7
Authority	Empathy	Logics	Comradery	Reward	Role Model	Threat
权威	移情	逻辑	同伴情谊	奖励	榜样楷模	威胁

接下来，我们通过事例逐一进行分析。

我们回到我在本章开头提到的深受员工TI折磨的经历之中吧。在我们准备从价值观、态度、习惯癖好以及公司职员应该具备的思维方式等角度出发，通过实际事例向员工TI这样的人提出反馈意识时，这无疑是非常困难的。关于这一点，我已经在前文中有所论述。但尽管如此，如果事态仍在不断恶化且情况日趋紧迫的话，我们从这7个影响力杠杆中选择哪一个会比较有效呢？

首先，我们要排除的是"逻辑"杠杆。有时候咨询师们能够理解逻辑，有时又无法理解逻辑。当然，你也可以使用它，但是你要做好不会出现预想结果的心理准备。尤其是对方有意为之的时候，"逻辑"杠杆是无效的。

使用"移情"杠杆的前提是对方必须对自己敞开心扉。因为只有对方表明他们希望你能够聆听他们的想法，你才能够顺利使用该杠杆。因此，在面对员工TI时，这种方法是无效的。

在使用"同伴情谊"杠杆时，最好的方法是把自己慢慢地融进整个团队中。例如，假设现在有一个由四五人组成的项目团队，那么你在进行团队学习等场合时使用该杠杆的效果会更好。此时，他们可以互相提出反馈意见，并通过达成一致意见来增强说服力。

另外，当你想要强调"团队式工作方法和思维方式"时，"同伴情谊"杠杆也会发挥很大的作用。因为反馈往往是一对一的，所以我们要明确"不是我一个人在说（请你也提出自己的看法）"的立场，这样才会更具有说服力。

所谓"奖励"指的是在反馈活动中，只要你改变原有的某个行为习惯，你就会获得"升职加薪"一类的直接好处。此时，我们必须把对方正在进行的行动、需要改善的行动及回报这三者之间的关联性明确地表达出来，否则该杠杆便无法发挥效力。在员工TI的事例中，因为我还不清楚他的真实目的，所以我选择使用这一杠杆并非上策。

如果我们给对方提出"榜样楷模"式的反馈意见，他们会做何反应呢？以身作则不是用语言来表达的，而是通过自己的行动和工作成果来表现的。因此，我们要让对方认可自己，甚至要让他们由衷地赞叹一句："哇！"这个杠杆可能会对员工TI奏效。

最后我们要对"权威"的使用进行纠正。虽然这是上司的特权，但只要你没有被逼到穷途末路就尽量避免使用它。因为一旦你拉开这个影响力杠杆，就会正中对方下怀。肆意使用权力的人在取得预想效果之后，必须保证在事后自己能够获得更大程度的信任，否则这一影响力杠杆就会失效。

虽然消极的影响力杠杆只有一个，但只有用完所有积极的影响力杠杆之后，我们才能打出"威胁"这张牌。但是，在对"问题员工"提出反馈意见时，这种方法却非常有效。换句话说，我们要让对方明白他依然没有任何退路了。

在这里，我再给大家增加一些课外小知识。一般来说，我们需要从单纯业务和复杂业务（如脑力劳动）的角度出发来区别使用影响力杠杆。美国趋势专家丹尼尔·平克（Daniel H. Pink）指出，在进行单纯作业的时候，人们往往会通过惩罚和威胁的手段来督促对方好好工作并获得一定的工作成效。与此相反，致力于复杂业务的人会因为渴望获得表扬或实际回报而努力工作并做出成果。

如何才能获得对方的理解和认同

在员工TI的案例中，我认为一定程度上给他提出反馈意见并不是很合适。如果我们要使用影响力杠杆的话，可以选择"权威""榜样楷模"或者"威胁"这三种。虽然我也想使用"同伴情谊"这一影响力杠杆，但因为我是中途才加入这个工作团队的，所以可能需要再过一段时间它才能发挥效力，因此我从选项中把这个备选项排除了。

另外，在"权威"这个影响力杠杆中，也包含了"我自己就是这样做的，所以才有了今天的成绩"这种说服对方的方法。但需要注意的是，如果你是根据自己的经验而给对方提出一些失之偏颇的反馈意见的话，那么对方是很难接受的。

顺带一提，"移情"这个影响力杠杆也曾出现在第二章所介绍的"反馈环"中。积极地倾听对方所说的话，并且站在对方的心情和立场上提出反馈意见——这也是影响力的一种体现。然而，我们不能仅仅停留在认真倾听（例如，不要打断或否定对方的发言并一直听到最后）的层面，而且还要能够融入谈话氛围之中，在理解彼此立场的同时提出合理化建议。

但我们不能利用"移情"的影响力杠杆向对方说："对，对，我以前也是这样的，所以我能理解你为什么也做不到。"我们必须认清对方和自己并非处于同一境况的事实。如果你用你的过去作为诱饵来表示同情，那么你的反馈意见就会给对方带来一种不必要的解脱感,进而会延缓改善的步伐。

在员工TI的例子中,也是如此。就专业人士而言,直面挑战领导原本就是缺乏专业精神的体现。但如果你向对方说"是啊!以前我也遇到过让我讨厌的人,然后我就对那个人发起正面挑战"之类的话,那么对方就会肯定这种行为。

这样一来,他就会一次又一次地在不同的环境中不断地以错误的思考方式来应对。其实不然,在工作中只有成熟、理性的应对方式才行得通——这才是我们要传达给对方的恰当信息。

综上所述,影响力杠杆的意义在于能够帮助你选择最有效的方法来引导对方理解并认同你。关键的是要让对方采取行动并改善自我,所以我们要选择最能引起对方变化的方法来应对。

专栏

命名的重要性

最近,我在高管培训课程中学到了一种新方法,那就是"命名效应"。据说这种方法可以帮助人们从消极悲观的情绪中摆脱出来。

根据那位讲师的说法,人们平时会花费大量的时间去寻找自己陷入这种精神状态的真正原因。相反,如果我们能够把注意力聚焦于如何迅速摆脱这种恶劣状况的话,会取得更好的效果。

我们通过给自己和自己所处的状态命名的方式,可以随时随地有意识地回归理想状态。

顺便说一下,当我陷入郁闷消极的状态之中给自己起的名字是"大眼蛙可洛比"。只要我想到那个形象就可以很快从负面情绪中摆脱出来了。这种方法尤其对那些因为想太多而痛苦不已的人来说比较有用。

在我们进行意见反馈的时候,一旦找出阻碍意见发挥作用的真正原因时,就需要尽快使用刚刚介绍的那些影响力杠杆,并采取一系列行动来改善这一状况。这样一来,我们就能更加扎实地推动对方改变自身。

饱含感谢之情的意见反馈

着眼于对方的优秀之处

在我写的上一本书《麦肯锡晋升法则》(The McKinsey Edge)中,我就曾提到过"三明治法"。概括来说,就是我们在进行意见反馈时,首先要向对方说一些好听的话,然后再指出需要进行改善的地方或做得不好的地方,最后还要向对方再说一些好听的话。这就像三明治一样,上下两片都由漂亮的面包片包裹起来的话,对方一定会很高兴。这是我从一位资深老前辈那里学到的技巧。

当我们为了提出反馈意见而需要找一些漂亮话来说的时候,一个常用的方法就是向对方表述日常的感激之情。在这里,我想要为大家介绍的是"欣赏式探询"。这种方法要求我们专注于一个组织的优点(而非问题点)、潜力和目标前景,并在此基础上提出相应的反馈意见。

这个模式是由美国俄亥俄州立大学的教授在1987年提出的。[1]以往的组织和企业在解决问题的时候，常用的方法是力图找出不足之处和各种障碍。而"欣赏式探询"无疑是对这种传统型问题解决法进行了大刀阔斧的改革。

与以前不同，他们更加关注的是组织、团队或人的积极因素，即"已经能够顺利完成的事情"。我们要着眼于组织潜力和目标前景，而不能只盯着问题不放，否则我们的反馈意见是没有效果的。

进一步发展自己优势的步骤

由此我们可以看出，提出问题的方法非常重要。在他们看来，只有提问才能自然而然地塑造未来。把"欣赏式探询"应用在反馈意见中是非常简单的一件事情。我在一些工作研讨会上已经试验过这个方法，事实证明它是有效的。

第一，我们要思考并陈述平日里对方的哪些行动值得我们表示感谢。比如，这周一起工作时，他帮了自己什么忙；最近一起工作时，他有没有做什么让自己感动的事情；哪怕对方只是稍微担心一下自己也没关系。没有一个人不会对他（她）表示感谢之意。只是一旦到了反馈意见的时候，我们就容易忘记这种感激之情，而只关注对方的缺点和应该改进之处。

第二，我们要向对方传达出积极要素，即希望他在哪些方面做得更多或更好。例如，我们可以对员工XG提出反馈意见说：

---

[1] 大卫·库珀里德（David L. Cooperrider），苏雷士·斯里瓦斯特瓦（Suresh Srivastva）. 组织生活中的欣赏式探询 [J]. 组织变革与发展研究，1987, 1 (1): 129-169. ——原书注

"你总是提前帮我安排好日程，这给我帮了很大的忙。如果可以的话，希望你能进一步提高内容的详细度。"

第三，共同思考在该过程中如何进行思考并付诸行动，探索各种可能性，激发大家的创意思维。比如，你可以告诉对方说："要做到这一点，你必须把握会议的内容或了解会议主题，所以在当天把它写下来会更有效果。"

第四，最后确立一个具体可行的模式。比如，你可以告诉对方说："简单来说，我们确立'记录→调整充实→当天复习'这样一种模式可能效果更好。当然，这只是一个例子，仅供你参考。"

整体流程如上述。

对缺乏经验的新手也有效

假设有些人在工作内容或成果方面还做得远远不够，但是他们却在每天的日程安排和事前邮件沟通方面做得非常好。这就表明了他们非常聪明。

对于这些积极的因素，我们不能只是对他们说："那很好啊！"而是要对他们的这些行为表达谢意。这样一来，对方就能更加关注该领域。

另外，我们还要向他们询问为何擅长做日程安排等工作，然后我们同他们一起考虑怎样把这种能力应用到工作内容中。

很多擅长日程安排的人会制定严密的计划，并会提前思考自己该做些什么。另一种是做事干脆利落，且能够马上展开行动的人。他们会把日程安排写在日历上，从不拖延。梳理工作流程有助于促进工作内容的更新和升级——这也是做好日常安排的好处之一。

小结　提高反馈意见的精准度

为了提高反馈意见的准确度，我在本章中介绍了自己在实际工作中积累的各种经验教训。归根结底，在意见反馈中最重要的就是信赖、影响力、内容（反馈的内容、灵感和洞察力）和传达（沟通的方式和过程、反馈环和团队学习）。

但是，我认为这一切并非独立的变量，而是恰当关联的复合函数（方程式）。

例如，在信任感较低或对方工作时间尚短的情况下，我们可以把反馈意见的重点放在提高工作技能方面，努力推动对方向前进步。在缺乏信任的情况下，无论你向对方提出多么深入人心的反馈意见，其威力也会减半，且不会带来令人满意的好结果。我认为，只要我们理解了影响力（influence）这一要素，就能掌握更多的方式方法并扩大反馈领域，进而促使你在各种反馈场面中做出合理性判断。

假设你正在领导一个庞大的团队，且必须把某个敏感的反馈意见传达给某个成员。越是在这种场合中，越需要我们调动"同伴情谊"这一影响力杠杆，这样既可以避免进行一对一的意见反馈，也可以巧妙地促使对方做出反应。

我们在提出反馈意见时，必须根据对方的反应随机应变。正因为如此，我才希望大家能够在运用事前反馈（团队学习）和反馈环等方法的同时，一定程度上拥有适合自己的反馈方法。我相信只有这样才会带来好的结果。

如果从头到尾只是闲聊的话，那无异于浪费彼此宝贵的时间。提出反馈意见的最大动机并非评价对方，而是要促进对方成长发展。对此，我们可以从仔细观察对方着手，然后积极地倾听，最后饱含感情地提出反馈意见并促使对方做出反应或行动。如果双方甚至是整个团队都能把更好的工作表现当成共同的奋斗目标，并充满干劲地朝着这一目标前进的话，这是一件多么可喜可贺的事情啊！

结束语

只要我们活着,就必须要做些什么,但是只要我们产生"我正在做这个""我必须做这个"或者"我必须得到一些特别的东西"之类的想法,那就意味着实际上我们没有真正做任何事情。当你不再试图想要获得一些什么特别东西之时,那就意味着你正在做一些事情。当你对你正在做的事情没有任何想法时,你就是在真正做一些事情了。

于1971年驾鹤西去的铃木俊隆先生曾经就是这样解释坐禅修行的含义的。当我刚刚接触到这句箴言时,不禁深受感动。如果要我针对意见反馈说最后一句话,我想就是这句精髓之语。

再次感谢您拿起这本书来阅读。我一直在等待您的反馈意见!当我决定以"意见反馈"为主题写一本书时,没想到这个创意会丰富至此。实际上,当我写到一半的时候差点儿就半途而废了!有好几次我几乎都要放弃了。在本书的执笔过程中,承担编辑工作的原田先生给予了我温暖、耐心和鼓励,在此表示衷心的感谢。

在我编写上一本书《麦肯锡晋升法则》之时，我花了九个月的时间才完成了80%。这一次，我像拿着雕刻刀一样严肃认真地编写了这本书，这花费了我两年半的时间。这真的是一条漫长的道路啊！另外，我们只需要在乘坐飞机时花费两三个小时就能轻松地阅读完上一本书。但是《麦肯锡高效反馈技巧》这本书的知识密度很大，甚至有些部分需要反复阅读。

现在回想起来，我曾在写作过程中经常收到"希望这本书更简单、更容易理解"一类的反馈意见，而这种意见本身就表明了该主题具有很强的复杂性。在本书最终成型之前，需要不断地进行大量的内容修订和更新。

在2015年年底，我的长女诞生了。这无疑使我变得更加忙碌起来。我不是一个身体羸弱的人，但随着一波又一波的睡眠不足，我逐渐失去了对自己身体的控制，并开始更加频繁地生病。我的口头禅是："好了，我要努力把状态恢复到从前！"但即使我每天早上跑步，饮食生活也很有规律，但最终也没有什么起色。

就这样，我在扮演着爸爸、丈夫、员工和作家等角色的过程中，又接到了父亲罹患癌症的噩耗。我找到了一名好医生，并没日没夜地和母亲一起照顾父亲。此时的我在精神上几乎陷入了恶性循环之中（当然，我的父亲每天过得比我还要焦虑、苦恼和矛盾）。在这样的情况下，我按照铃木先生的观点，一步一步地消除了各种消极影响，以平常心继续坚持以往的写作进度。虽然这并不轻松，但最终我完成了这本书的原稿创作。

我要感谢我的妻子在这段时间不断地给予我鼓励和帮助。我知道让她在周末独自承担育儿的职责是非常不公平的，但她毫无怨言地默默坚持了下去。我还要感谢我的朋友和同事，因为他们毫无保留地跟我分享了他们对反馈意见的想法、自己的烦恼担忧以及工作当中的实例。

在人生的擂台上，我们的对手每时每刻都在轮换交替。在我们扮演的各种角色中，并不是每件事都会获得令人满意的结果，也不是每件事都在我们的掌控之下，甚至有时候我们会被击败。即便如此，只要我们还能站起来，就总有一天会得到回报。我相信，只要我们能够以平常心来对待意见反馈，就能提升反馈技巧。

从2020年年初开始，世界就陷入了新型冠状病毒带来的恐怖气氛之中，而那些奋战在医疗最前线的工作人员用他们的行动和勇气感动了所有人。他们甚至牺牲了自己的生命来与人类的共同敌人作战。这不仅仅是我们在电影中看到的拥有强大精神的人才具备的力量。如果你读了关于医疗工作者的各种报道，就会发现这些人对自己的工作充满热情和责任感，并始终如一地开展工作。

另一方面，自然灾害也好，病毒也罢，它们只是在履行着被赋予的使命。但这对于站在对岸的人类来说，其破坏力异常巨大且具有灾难性。在这样的情况下，我的小女儿仍可以兴致勃勃地唱着动画片《忍者乱太郎》的主题曲《勇气100%》，都快要把我的耳朵吵破了。她才4岁，根本不知道新冠病毒蔓延的实际情况。只是她不再像以前那样经常外出，也不再去幼儿园上学，但是她仍然在放声歌唱，努力通过自己的方式来面对现实。

我啰里啰唆地写了很多内容，就像是绕来绕去的莫比乌斯带一样。但是我始终认为无论是在意见反馈方面还是在生活方式上，找到属于自己的风格是至关重要的。提出反馈意见时也要尽快忘掉"我正在做一件特殊事情"的感觉。另外，我们还需要反复进行意见反馈并积攒经验。之后，你会形成一个适合你自己的模式，进而能够稀松平常地提出理想的反馈意见。

那么，就让我们开始练习吧！